Heinrich Holtzmann

Sonst und Jetzt in Kirche und Theologie

Ein Rückblick auf die letzten hundert Jahre

Heinrich Holtzmann

Sonst und Jetzt in Kirche und Theologie
Ein Rückblick auf die letzten hundert Jahre

ISBN/EAN: 9783743404694

Hergestellt in Europa, USA, Kanada, Australien, Japan

Cover: Foto ©Lupo / pixelio.de

Manufactured and distributed by brebook publishing software (www.brebook.com)

Heinrich Holtzmann

Sonst und Jetzt in Kirche und Theologie

Sonst und Jetzt

in

Kirche und Theologie.

Ein Rückblick

auf

die letzten hundert Jahre.

Von

Dr. H. Holtzmann

Professor der Theologie in Heidelberg.

Erweiterte und vermehrte Bearbeitung des Vortrages
„Die Kirche im XIX. Jahrhundert".

Karlsruhe.
Druck und Verlag der G. Braun'schen Hofbuchhandlung.
1874.

Absicht und Aufgabe dieses Vortrages ist, mit einigen großen und allgemeinen Zügen die Schicksale und Aussichten, die Lage und Gestalt der christlichen Kirche in diesem unserem Jahrhundert zu schildern. Könnte man freilich die Jahrhunderte anstatt nach dem einmal herkömmlich gewordenen Wendepunkt nach einer anderen, mehr sachlich angezeigten Grenzbestimmung abtheilen, so müßte man ungefähr die letzten dreißig Jahre je eines laufenden Säculums zu dem folgenden schlagen, weil sie gewöhnlich schon entschieden die Färbung des ganzen Fahrwassers angeben, welches dann ungefähr durch die nächsten 70 Jahre führt. So tiefsinnig der Gedanke ist, mit dem Geburtsjahr Christi eine neue Reihe von Jahren dieser Erde zu eröffnen, so wenig von einer Aenderung hieran im Ernste die Rede sein kann, so sehr würden streng chronologische Interessen, wenn sie maßgebend wären, auf Anderes hinweisen. Das Jahr der Geburt Christi, welches den fingirten Anfangspunkt unserer Zeitrechnung bildet, ist, wie jetzt bestimmt versichert werden kann, auf keine Weise mehr mit Genauigkeit anzugeben; als höchst wahrscheinlich aber läßt sich hinstellen, daß Jesus in den letzten Zeiten des Königs Herodes, also vier, vielleicht sechs Jahre vor unserer Zeitrechnung geboren ist; was hier nur bemerkt sein soll, um das Unsichere und Willkürliche jener ganzen schablonenhaften Zeitrechnung fühlbar zu machen, die sich uns als die Reihe der Jahrhunderte präsentirt. Einen ungleich genauer bestimmbaren Einschnitt im Leben der Völker würde wohl die Entstehung der römischen Weltmonarchie dreißig Jahre vor unserer Zeitrechnung abgeben, so daß das erste Jahrhundert sich gerade bis zu dem Epoche machenden Ereigniß der Auflösung des jüdischen Staates im Jahre 70 nach Christus erstrecken würde. Ebenso reichen auch die wirkenden Ideen des sechszehnten, also des Reformations=Jahrhunderts tief in das fünfzehnte Jahrhundert hinein. Jenes eröffnet sich eigentlich nicht mit der Geburt Karl des Fünften, zu Anfang des Jahres 1500, sondern Jahrzehnte vorher mit der allgemeinen Verbreitung der klassischen Studien, mit dem Aufdämmern eines neuen Menschheitideals, mit der Erweiterung des äußeren Rahmens der Weltanschauung, mit der Umschiffung Afrikas, der Entdeckung Amerikas u. s. f. und es schließt schon Jahrzehnte vor der Jahres= zahl 1600, mit dem allgemeinen Erlahmen des reformatorischen Geistes, mit dem Untergang der großen weltumschaffenden Ge= danken in theologischem Wust und Ungeist.

Man verzeihe mir diese Grille bezüglich der herkömmlichen Abtheilung der Zeiten und Stunden! Sie ist an sich nicht mehr als ein Einfall. Aber auch Anderen ist er schon gekommen, und diesmal mag der Hinweis auf das Zufällige jener Abtheilung, der Gedanke, daß an sich auch Alles anders sein könnte, eine nicht ganz unpassende Einleitung zu der Bitte bilden, das neun= zehnte Jahrhundert schon mit dem Genialitätssturm der siebziger und achtziger Jahre in Deutschland, mit den revolutionären neunziger Jahren in Frankreich für eröffnet erklären zu dürfen. Wir gewinnen dadurch den Vortheil, nicht blos von Wirkungen, sondern auch von ihren Ursachen sprechen zu können, wir sehen ein genau in sich abgegrenztes Geschichtsfeld von gerade einem Jahrhundert vor uns liegen, dessen allgemeine Signatur ich vorläufig in das Schlagwort kleiden möchte: Große europäische Revolution und Reaction. Wer sich im Anschlusse hieran etwa in dem Gedanken gefallen möchte, vom Jahre 1870 ab einen neuen Welttag, das zwanzigste Säculum, für gekommen zu erachten, dem mag das unbenommen sein. Ein gewisses Frühlingsgefühl, wenngleich noch in seinen allerersten, oft mehr herben und „schaurig süßen" Empfindungen, geht ja in der That durch unsere unmittelbare Gegenwart.

Auch von einem Frühlingsgefühle, aber freilich von einem viel sanfteren und milderen, waren die siebziger und achtziger Jahre des vorigen Jahrhunderts getragen. Die mit Bewußtsein und Freiheit jener Zeit angehört haben, sprechen es oft genug aus, wie für sie gleichsam ein langer Winter überstanden sei, dessen eigenthümlicher Geschäftskreis jetzt definitiv aufgegeben und mit einem neuen vertauscht werden müsse. Auch in der Theologie, wie sie sich vor hundert Jahren zu gestalten anfängt, richtet man sich neu ein. Es war dies ja die Zeit, da die compacte Festigkeit und Geschlossenheit des kirchlichen Lehrbegriffes durchlöchert, die ununterbrochene Folge der Lehrüberlieferung überall abgerissen, da man dafür aber überzeugt war, nur im durchgehenden Bruch mit dem Ueberkommenen das Heil finden zu können, ohne von Dem, was zuvor geschehen war, viel Notiz zu nehmen; da jeder auf seine eigene Hand probirte, operirte und experimentirte, keiner sich mehr viel bekümmerte um Das, was die Jahrhunderte vor ihm in kirchlicher Theorie und Praxis geschaffen hatten.

Die Aufklärungstheologie, wie sie etwa vor hundert Jahren Raum gewonnen hat und vor fünfzig Jahren zur Neige ging, ist keineswegs das Ideal, für welches wir noch heute irgendwie zu schwärmen Ursache oder Lust besäßen. Nicht blos ihr Blick in die Geschichte des Christenthums war beschränkt und trüb, sofern sie die große kirchliche Vergangenheit desselben kaum noch genügend zu verstehen und innerlich nachzuleben vermochte; seicht und oberflächlich war in der Regel auch ihre Würdigung des religiösen Ahnens und Bedürfens überhaupt. Sowohl Lessing, wie Herder und Kant, die hervorragendsten Heroen, deren Namen in diesen Kreisen mit besonderer Verehrung angerufen wurden, waren zweifellos, auch lediglich auf ihre religiöse und theologische Bedeutung angesehen, zu tiefe Geister, als daß ihnen eine solche Jüngerschaft Genüge gethan hätte. Unter allen Ursachen, welche in der zweiten Hälfte des Jahrhunderts, das wir überblicken, einer geradewegs entgegengesetzten Richtung Oberwasser und Schwung verliehen, hat kaum eine nachhaltiger und erfolgreicher gewirkt, als die Leistungsunfähigkeit des älteren Rationalismus auf dem eigentlich religiösen Gebiete. Treffend hat D. F. Strauß eine Zeit, welche die Religion fast ganz in einige Gemeinplätze von Vernunftwahrheiten auf der einen, in oberflächliche Nützlichkeitsmoral auf der andern Seite umgesetzt hatte, charakterisirt, wenn er sagt, es sei ein allgemeines laues Thauwetter eingetreten gewesen, welches die schmelzenden Eismassen der alten dogmatischen Weltanschauung in ein breites Gewässer, in eine ganz unerfreuliche Brühe verwandelte.*) Eine allgemeine Ueberschwemmung der Aufklärung war vorhanden, die freilich schon seit Anfang des gegenwärtigen Jahrhunderts nicht wenigen, mit mehr Gemüthstiefe oder auch mit liebendem Verständnisse für die Vergangenheit ausgestatteten Menschen ungemein zuwider ward. Daher als die Auflösung eben ihren Höhepunkt erreicht hatte, der plötzliche Umschlag der Romantik. Daher die großen, gänzlich ungeahnten Restaurationen auf dem Gebiete von Theologie und Kirche seit Anfang unseres Jahrhunderts; daher das unaufhaltsame, oft seiner selbst kaum noch mächtige Drängen und Verlangen nach reicherem und lebendigerem religiösen Vorstellungsgehalte; daher schon der Erfolg, welchen Schleiermacher's 1799 erschienene „Reden über die Religion" gefunden haben; daher die immer unabwendbarer werdende Abneigung, welche besonders seit den Befreiungskriegen in den Köpfen und Herzen des theologischen Nachwuchses gegenüber dem Rationalismus Platz griff und dessen Geschick besiegelte. Ohne daß das philisterhafte Phlegma des alternden Rationalismus in seiner grenzenlosen Selbstzufriedenheit eine Ahnung von der Möglichkeit hatte, kam ihm die Heimsuchung über den Kopf und erlebte er auf der ganzen Linie seiner Positionen eine vollständige Niederlage.

Dennoch ist es uns unmöglich, mit diesem, etwas geringschätzig erscheinenden Urtheile von der Aufklärungstheologie Abschied zu nehmen. Eben heute, da dieser Rückschlag gegen sie in seiner ganzen Tragweite als vollzogene Thatsache vorliegt, da wir den Ertrag, welchen Stoß und Gegenstoß für das religiöse und sittliche Leben der Nation abgeworfen haben, beiderseits zu schätzen und gleichsam die Bilanz zu ziehen vermögen — heute muß sich unser Urtheil über die rationalistische Vergangenheit unserer Theologie und Kirche doch ganz wesentlich anders gestalten, ja auf mehr als einem Punkte müssen wir rückhaltlos dieser Vergangenheit den Vorzug vor der Gegenwart zusprechen. Jener

---

*) Charakteristiken und Kritiken, 2. Aufl. 1844, S. 13.

Zeit eignete in theologischer Beziehung ein Charakter der Ehrlichkeit und Redlichkeit, der Aufrichtigkeit und Wahrheit, wie er der s. g. Restaurationstheologie in zahlreichen Vertretern, ja in ganzen Schichten ihrer Anhängerschaft abhanden gekommen ist. Unser jetziges Theologengeschlecht kann in der Regel nicht souverän und verächtlich genug herabsehen auf den überwundenen Standpunkt des Rationalismus, auf seine trivialen und lächerlichen Wundererklärungen, auf die fadenscheinige Dürftigkeit seiner religiösen Begriffe, auf die Geschmacklosigkeit, womit er, statt von Bekehrung und Buße, von Glaube und Rechtfertigung, immer nur von moralischer Ausbesserung, von Unschuld und Tugend, von Vernunft und Aufklärung, endlich in seinen letzten lichtfreundlichen Ausläufern von Freiheit, von allgemeiner Menschlichkeit, vor Allem aber von Licht und immer wieder von Licht redete, ohne in dieser vielgepriesenen Beleuchtung etwas besonders Sehenswerthes ausstellen zu können. Mit all diesen unseren Reden gegen den Rationalismus haben wir uns zweifelsohne oft genug in der Position des Pharisäers gegenüber dem Zöllner befunden. Sonst hätten wir uns denn doch wohl fragen müssen, wo denn damals, von der kurzen Periode Wöllner's abgesehen, Erscheinungen, die uns heute auf Schritt und Tritt so widerwärtig berühren, vorgekommen sind, ja auch nur möglich waren: also z. B. daß kirchliche Behörden ihre untergebenen Geistlichen, deren theologische Ueberzeugung als der kirchlich bekenntnißmäßigen Weltanschauung im Ganzen abgewandt bekannt war, amtlich anwiesen, der Gemeinde gegenüber sich um so strenger an die Ausdrücke jener Bekenntnisse zu halten, von der eigenen Ueberzeugung aber nur jenen harmlosen Privatgebrauch innerhalb der vier Wände des Studirzimmers zu machen, den Faust's Gretchen vor dem Spiegel im Kämmerlein von ihrem Putze macht. Wo ist damals möglich gewesen jenes klaffende Auseinandertreten der Würdigung des Menschen nach seinem sittlichen Werthe und nach seiner kirchlichen Gefügigkeit und Brauchbarkeit, wie es in unseren Tagen in den größten deutschen Landeskirchen ganz offenkundig zu Tage trat? Wo ist der ganzen Nation damals das Aergerniß geboten worden, daß intellectuell und wissenschaftlich im Rohesten stecken gebliebene, zuweilen sogar sittlich herabgekommene Subjecte, wenn sie die richtige „Bekenntnißfreudigkeit" an den Tag legten, hoch gehalten und getrost in den Stand gesetzt wurden, Männer von ihnen weit überlegner Geistesbildung und sittlicher Haltung mit Disciplinarmaßregeln und Absetzung zu bedrohen, wenn diese sich Abweichungen vom Bekenntnißstande der Kirche erlaubten? Dies Alles ist in zahlreichen Fällen erlebt worden, wo die Vilmar und die Hengstenberg, und wie die unseligen Menschen alle heißen, obenan kamen, welche über ein Menschenalter ihren verwüstenden Einfluß auf kirchlichem Gebiet üben durften. Unter rationalistischem Krummstabe konnte man wohl auch einmal einer scharf bureaukratischen Behandlungsweise gewärtig sein, meist aber lebte es sich darunter gut und friedlich, und von so schreienden Verletzungen des öffentlichen sittlichen Gefühls war nicht die Rede. Etwas müssen wir dem alten Rationalismus unter allen Umständen nachsagen: er hat sich mit dem gesunden sittlichen Urtheil des deutschen Volkes nirgends in Widerspruch gesetzt, er hat im allgemeinen entschiedene Fühlung damit erhalten; seine theologischen Gesichtspunkte, so dürftig sie waren, haben ihn nicht genöthigt, einen ungesunden, einen unnatürlichen Maßstab an die Wirklichkeit des sittlichen Lebens zu legen, was dagegen der modernen Gläubigkeit gar nicht selten begegnet ist. Ein beliebig ausgewähltes Beispiel möge zur Erläuterung dessen dienen, was ich meine. In einem, der Neuzeit angehörigen, kirchlichen Blatte von mild kirchlicher Richtung lese ich zufällig, wie ein der positiven Schule angehöriger Geistlicher, Nesselmann in Elbing, gewisse Mißstände beklagt, welche in seiner unmittelbaren Umgebung auf Seite derjenigen vorkämen, die er im Unterschiede zur ungläubigen Welt „entschieden gläubige Christen" nennt. „So kenne ich einen ungebildeten, aber entschieden gläubigen Christen, der sich vom heiligen Geist erfüllt weiß, von seiner Familie aber, die ihm nicht beistimmt, fest behauptet, sie sei vom Teufel besessen. In Folge dieses Glaubens behandelte er sie auf die brutalste Weise. Die Kinder halten es daher sämmtlich mit der ungläubigen, aber von Natur viel sanfter gearteten Mutter und haben einen Widerwillen gegen des Vaters wahres Christenthum."*) — Wie gefällt uns diese Zeichnung? Der Vater, ein „entschiedener", ein „wahrer Christ", der aber in Folge seiner „Unbildung" den Fehler begeht, seine vom Teufel besessene Familie barbarisch zu behandeln; die Mutter „ungläubig", und auch die Kinder so verblendet, daß sie aus des Vaters Fluchen und Schlagen sein „wahres Christenthum" nicht heraus fühlen, es daher mit der sanften Mutter halten! Kann es ein widriger verzeichnetes Familienbild geben, und kann man sich, um religiöse Gegensätze zu zeichnen, ärger vergreifen in der Wahl der Farben? Und doch ist dies einem ganz wohlmeinenden Schriftsteller, einem gewiß recht erbaulichen Prediger begegnet, und an jener häßlichen Schnörkelei ist nicht etwa natürliche Gemüthsrohheit, sondern lediglich die Theologie schuld, die ihm zuerst den natürlichen Anhaltspunkt für die Beurtheilung der Wirklichkeit verrückt hat. Nicht sein alter Mensch führte die Feder, als er jenes Bild malte, sondern Das, was er für den neuen Menschen hielt, dem, wie er meint, die Dinge anders vorkommen müssen, als der gewöhnlichen philisterhaften Moral einer Hausmutter. Derartige Fälschungen des sittlichen Urtheils, wie ich sie nur an einem der unscheinbarsten und gleichgültigsten Beispiele anschaulich gemacht habe, wofür aber der viel drastischeren und über die Sphäre des Elbinger Spießbürgers hoch hinausgreifenden eine Menge zu Gebote stehen würde, sind in der Praxis der alten ehrlichen Aufklärungstheologie bei all ihrer handwerksmäßigen Trivialität doch nie mit unterlaufen. Das ist es, was im Kern unserer Gemeinden bis auf den heutigen Tag dem alten Rationalismus ein gutes Andenken erhalten hat; das ist es, weßhalb viele unserer tüchtigsten Gemeindeglieder es noch immer nicht begreifen können, wie man sich jemals von einer in sittlicher Beziehung so ehrenwerth charakterisirten Position entfernen mochte, das ist es, weßhalb ihnen jene gesammte religiöse Vertiefung, woran z. B. der Name Schleiermacher erinnert, noch heute lediglich als romantischer Hautgoût, erhitzte Selbsttäuschung, zweideutiges Hellbunkel erscheinen will.

---

*) Allgemeine Kirchenzeitung, 1864, S. 114 fg.

Aber auch auf einen anderen Vorzug jener vergangenen Zustände von Kirche und Theologie muß ich hinweisen, ehe ich diese Halbseite unserer Betrachtung verlasse. Ich möchte die Frage aufwerfen nach der politischen und nationalen Ergiebigkeit und Fruchtbarkeit der einen und der anderen Beschaffenheit unserer kirchlichen Zustände. Wir stehen heute unter dem fast jede andere Erwägung zurückdrängenden Eindruck des Verhängnisses, das uns nach glücklich bestandenem Kampfe wider den politischen Erbfeind alsbald einen zweiten, noch gefährlicheren Kampf wider jenen Dämon zuschiebt, welcher sich tiefer, als die Meisten glauben und wissen wollten, in das Herz des deutschen Volkes selbst eingefressen hat. Ich meine den Dämon der confessionellen Ausschließlichkeit und Eifersüchtelei, den Dämon des als Gegenstand pfäffischer Spekulation zur Verwerthung kommenden religiösen Fanatismus. Ungerufener konnte dieses Gespenst nicht auftreten als gerade in unsern Tagen, wo alle vaterländischen Hoffnungen in der Möglichkeit des geistigen Zusammenschlusses der Nation beruhen. Könnten wir nach Wunsch eine Situation der Vergangenheit zurückrufen, so gäbe es kaum eine, die dem heutigen Bedürfnisse treffender angepaßt erschiene, als die Situation vor hundert Jahren. Günstiger haben die Chancen des nationalen und staatlichen Interesses gegenüber der Kirche niemals, auch im Reformationszeitalter nicht gestanden, als damals. Damals und jetzt — welch ein Gegensatz! Heute kaum noch eine deutliche Aussicht, wie die Hydra des confessionellen Gegensatzes zu bewältigen sein wird! Im kleinsten Dorfe keine politische Wahl, wo nicht der Beichtstuhl und die Kanzel mit in Action treten! Ein beträchtlicher Bruchtheil deutscher Katholiken in Gefahr, Mitschuldige eines polnischen Edelmanns zu werden, der sich mit einer in der preußischen Geschichte unerhörten Dreistigkeit auflehnt wider Kaiser und Reich! Damals der Ultramontanismus so gut wie völlig zersetzt, tief im Kern der katholisch-deutschen Länder der Glaube an das alleinseligmachende Dogma erschüttert, in den reformatorischen Staaten die Klöster, Stifte, Orden geschwächt oder aufgelöst; die Jesuiten vertrieben aus Portugal, Spanien, Neapel, Frankreich, Oesterreich, endlich 1773 vom Papste selbst „für ewige Zeiten" wegen Gemeinschädlichkeit aufgehoben; auf dem österreichischen Kaiserthrone ein Joseph II., der eine seiner Brüder, Leopold, als Großherzog von Toscana, der andere, Maximilian Franz, als Erzbischof von Köln, das Werk der Reform mit demselben Eifer, wenngleich mit mehr Mäßigung und Umsicht betreibend. Heute taucht das verschrobene Ideal einer katholischen Universität auf, und organisirt sich an den bestehenden Hochschulen die ultramontaner Milch bedürftige Studentenschaft. Damals (1786) gründete der eben genannte Erzbischof von Köln die Universität Bonn, als Herd und Hort der Aufklärung gegen den Obscurantismus. Heute kündigt der katholische Klerus unter bischöflicher Leitung dem Staate den Krieg an, weil er die Schule zu säcularisiren, den Schullehrer seiner kirchlichen Verpflichtung zu entziehen unternimmt. Damals erwächst unter der Leitung katholischer Prälaten wie Felbiger und Marin ein katholisches Volksschulwesen, welches dem Romanismus und Jesuitismus direct entgegengesetzt, lediglich ein Culturinstitut im Dienste des Staates und der Gesellschaft sein will, und als der letzte Kurfürst von Baden-Baden, dem Beispiele so vieler katholischer Reichsfürsten folgend, auf eine Schulreform dachte, war es der Primas von Deutschland, der Kurfürst Erzbischof von Mainz — jedenfalls ein Mann von ganz anderer Stellung und Bedeutung als sein heutiger Nachfolger, der Freiherr von Ketteler — der ihm den Rath gab, bei dieser Gelegenheit zugleich auch den Schuldienst von dem ihm nachtheiligen Kirchendienste zu trennen (1770). Hundert Jahre später ist diese Forderung unter dem größten Widerstand der Kurie vollzogen worden. Heute sehen wir die deutschen Bischöfe als überzeugungslose Werkzeuge Roms auftreten, die dasselbe, was sie auf dem Concil aus Gründen der Vernunft, der Geschichte, der Politik bekämpften, nachträglich nicht blos sich selbst aufdrängen lassen, sondern auch der ganzen Welt bei Strafe des Bannes und der Verdammniß aufzudrängen sich erkühnen. Wie anders wirkt doch, diesem unwürdigen Schauspiele eines die Rücksichten auf Ueberzeugung und Mannesehre hintansetzenden, lediglich als Büttel Roms fungirenden Episkopats gegenüber, die Erinnerung an die deutschen Bischöfe vor hundert Jahren, die wir in den Emser Punktatio=

nen (1785) im directen Aufmarsch zur Herstellung der deutschen Nationalkirche erblicken! Wie anders das Andenken an eine Fluth von Streit= und Zeitschriften, wie sie damals von katholischen Priestern gegen Cölibat, lateinische Kirchensprache und Klosterwesen ausgingen! In Italien entspricht dem die Synode von Pistoja (1786), auf welcher italienische Bischöfe Beschlüsse zur Reform der katholischen Kirche fassen, die vollständig im Geist des heutigen, freilich von keinem römischen Bischof mehr vertretenen Altkatholicismus gehen! Im deutschen Vaterlande aber winkt noch aus dem Anfange dieses Jahrhunderts herüber die edle Gestalt des Bisthumsverwesers Wessenberg als liebenswürdigster Typus der deutsch=nationalen, antirömischen Richtung im Katholicismus.

Auch noch in dem eben bezeichneten Zeitpunkte, zu Anfang des laufenden Jahrhunderts, sah es, wie in der kirchlichen Praxis, so insonderheit auf dem fast in Deutschland allein mit Ernst und Ausdauer cultivirten Gebiete der Religionswissenschaft, der speculativen Theologie, der Dogmatik und Ethik, der biblischen Kritik und Auslegungskunst gar viel anders aus als jetzt. In mehr als einer Beziehung stehen sich die Zustände von damals und heute direct gegenüber. So vor Allem bezüglich des Verhältnisses der katholischen Theologie zum Protestantismus. Nachdem die politische Macht der katholischen Kirche in Folge des Lüneviller Friedens aufgehört und die Rheinbundsacte die letzten Reste bestehender Rechtsungleichheit der Confessionen beseitigt hatte, schien es, als ob die Confessionsschranken überhaupt allen und jeden Halt im Bewußtsein der Zeit verloren hätten. Vielfach fanden, wie schon zuvor im consularischen und kaiserlichen Frankreich, so jetzt auch in Deutschland zwischen katholischen und protestantischen Geistlichen die freundlichsten Beziehungen statt. Hochstehende katholische Theologen verbreiteten eine humane und tolerante Gesinnung in den weitesten Kreisen; katholische Dogmatiker jener Zeit suchten den Ertrag der philosophischen Systeme von Kant und Fichte für die Glaubenslehre zu verwerthen, und auf dem Felde der biblischen Archäologie und Kritik lieferten Jahn und Hug Arbeiten, welche gerade ebenso gut auch hätten von protestantischen Theologen jener Zeit können geschrieben sein. Heut=

zutage liegt die Sache so, daß von den Schriften derjenigen Theologen abgesehen, welche neuerdings den Altkatholicismus vertreten, eine Ebenbürtigkeit der beiderseitigen Leistungen auf wissenschaftlichem Gebiete längst nicht mehr besteht. Hat doch auf dem Constanzer Congreß sogar Michelis erklärt, daß namentlich die biblische Kritik so gut wie ganz in protestantischen Händen ruhe!

Und nun gar wenn wir herüberblicken auf die Praxis des heutigen Klerus und sie vergleichen mit der zu Anfang des Jahrhunderts geübten! Welch' eine wehmüthige Erscheinung! Wo sind sie hingekommen die würdigen Geistlichen aus Wessenberg's Schule, welche nie ihre priesterlichen Hände befleckt haben durch die giftige Aussaat des Unfriedens zwischen den Confessionen, der inneren Zerklüftung der deutschen Nation? Kaum sollte man meinen, daß nicht viel mehr als ein halbes Jahrhundert dazwischen liegt, zwischen den Tagen der Wessenberg und Sailer und diesen unseren Zeiten der Ketteler und Melchers! Ein so radikaler Umschwung, so grelle Contraste innerhalb einer und derselben Kirche, und zwar gerade derjenigen Kirche, die von der Fiction ihrer unabänderlichen Selbstgleichheit lebt, ist eine so gewaltige Erscheinung, daß wir nicht anstehen, alles Andere, was die Kirchengeschichte der letzten hundert Jahre darbietet, im Vergleiche damit für Nebensache zu erklären. Der Umschwung innerhalb des Protestantismus ist nur das schwächere Nachbild davon und verhält sich zu dem katholischen Vorbilde, wie überhaupt die gesammte evangelische Kirchenthümelei sich zur katholischen Kirche verhält. Alles ist bloße Parodie. Die rückläufige Bewegung, wie wir sie sofort auf protestantischem Gebiet sich werden vollziehen sehen, ist nur die klägliche Nachäffung des großen Rückschlages, welcher seit 1814 auf dem Gebiete des katholischen Kirchenthumes statt gehabt hat. Damit aber stehen wir vor einer Wahrnehmung, welche uns den charakteristischen Gegensatz der hier zu behandelnden Periode zu der Kirchengeschichte des sechszehnten und siebzehnten Jahrhunderts aufdeckt.*)
In den letztgenannten Jahrhunderten war es der Kampf beider Confessionen, welcher den Mittelpunkt aller geschichtlichen Weiter-

---

*) Vgl. hierüber Nippold, Handbuch der neuesten Kirchengeschichte, S. 3 fg.

entwickelung bildete. Im dreißigjährigen Kriege hat die wesentlich confessionelle Politik des alten Europa ihre letzte und entsetzlichste Orgie gefeiert. Nunmehr aber hat sie auch ausgetobt für lange, vielleicht — ich wage nur zu sagen vielleicht — für immer. Als der Vorhang vor dem achtzehnten Jahrhundert sich hebt, sehen wir ganz Europa in zwei ungeheuere Kriegslager getheilt, deren bereits keines mehr eine kirchliche Fahne aufsteckt; sowohl der spanische Erbfolgekrieg als der nordische Krieg gehen der bisher gewohnten confessionellen Motive so gut wie ledig. In den schlesischen Kriegen spielen sie wenigstens niemals auf der Oberfläche, und vollends im weiteren Verlaufe des achtzehnten Jahrhunderts schien das eigentlich kirchliche Interesse sogar so gut wie eingeschläfert, der confessionelle Fanatismus fast erstorben. Das neunzehnte Jahrhundert, so weit wir es bis jetzt überschauen können, ist dann wieder wesentlich eine Periode der Reaction und der kirchlichen Restauration. Aber auch ihm ist es, wenigstens in seinem bisherigen Verlaufe, nicht gelungen, die Confessionen als solche zu treibenden Mächten der Zeit zu erheben, so daß jeder Fortschritt des katholischen Kirchenthums etwa einen Rückschritt des protestantischen bedeutete und umgekehrt, sondern es sind ganz andere geistige Factoren, es sind allgemeine Culturmächte, welche jetzt im Vordergrunde stehen und immer auf beide Confessionen zugleich einwirken und auf beiden Gebieten wesentlich gleichlaufende und gleichbedeutende Erscheinungen hervorrufen. Daher liegt nunmehr die Sache so, daß über ein halbes Jahrhundert lang jedweder Erfolg des Romanismus einen entsprechenden Erfolg des protestantischen Hochkirchenthums nach sich zieht, daß jede Niederlage der protestantischen Freiheit eine gleiche Niederlage der liberalen Bestrebungen auf katholischem Gebiete zur Ursache hat. Im Schlepptau der großen jesuitischen Reaction und gezogen von der Dampfkraft, die der moderne Ultramontanismus behufs seiner Mobilisirung entwickelte, fährt also jetzt das nothdürftig restaurirte und mit seinem alterthümlichen Geflagge aufgeputzte lutherische Kirchenschiff einher, und es kommt die Rede auf von der Solidarität aller conservativen Interessen, welche schon in den zwanziger, ganz besonders aber in den fünfziger und sechziger

Jahren unseres Jahrhunderts katholische und protestantische Reactionäre, wirkliche Jesuiten und Solche, die es zu sein verdienten, oft auch gerne wären, unter gemeinsamen Bannern, wie z. B. unter demjenigen der Kreuzzeitung, vereinigen sollte. Denn der christlich-germanische Staat, den die Herren Stahl, Leo, von Gerlach und Genossen erfunden haben, und der eine Zeit über nicht blos im ehemaligen Welfenlande, sondern selbst in Preußen der höchste aller erschwinglichen Gedanken schien, ist ganz und gar der mittelalterliche Staat des kanonischen Rechtes. Ganz folgerichtig verfuhr in diesem Bündniß freilich nur die katholische Seite. Hier hatten ja schon im Mittelalter zuerst die Päpste die unerhörte und namentlich den germanischen Völkern von Haus aus fremde Lehre von der unbeschränkten Machtvollkommenheit aufgestellt, kraft deren als irdisches Abbild himmlischer Majestät ein einziger Mensch von Rom aus die Geschicke Aller bestimmt, die Völker dagegen lediglich als Objecte, nicht aber als Subjecte der Regierung erscheinen. Diese Lehre ist dann, versetzt mit dem italienischen Giftkraute des Machiavellismus, im sechzehnten und siebzehnten Jahrhundert in den großen katholischen Monarchien Europas auch mit Anwendung auf den weltlichen Herrscher praktisch gemacht worden. Aber schon im siebzehnten, noch mehr im achtzehnten Jahrhundert wächst ihr eine andere Auffassung des Verhältnisses von Fürst, Volk und Staat nach und allmählig auch über den Kopf — eine Auffassung, die man mit Recht als den politischen Protestantismus bezeichnen dürfte, sofern sie dem schlechthin übernatürlichen Princip der Autorität, das nur ein Regiertwerden von oben herab kennt, eine ergänzende Correctur im Princip der Selbstregierung zur Seite stellt, den Staat als das organisirte Volk auffaßt und die ganze Aufgabe des Regiments darein setzt, ein im Bewußtsein womöglich des ganzen Volkes, unter allen Umständen aber seiner politisch beseelten und mündigen Theile sich vollziehender Hergang zu werden. Es war zuerst die englische, dann die amerikanische, es war zuletzt die französische Revolution, in welcher diese neuen Ideen ihre großen, weltgeschichtlichen Offenbarungen finden, freilich vor Allem in Frankreich auch zu maßlosen Excessen, zu einem gewaltsamen und unnatürlichen Bruche mit der gesammten geschichtlichen Ueberlieferung und mit allen herkömmlichen Grundlagen des menschlichen Gesellschaftslebens führen sollten. Durch die französische Revolution ist dann auch das gesammte übrige Europa auf einige Jahrzehnte in seinen Grundfesten erschüttert, ja theilweise aus den Angeln gehoben worden, bis endlich ein gewaltiger Kriegsheld die zerstörende Fluth zuerst in Frankreich selbst eingedämmt, und dann das gegen seine Gewaltherrschaft sich erhebende und auch sie niederwerfende Europa der ganzen Bewegung einen vorläufigen Abschluß verliehen, sie zum Stillstand gebracht hat.

Hier nun liegt zugleich auch die Antwort auf die sich aufdrängende Frage nach dem Warum des gewaltigen Umschwungs, den das Jahrhundert von 1770 bis 1870 in kirchlicher Beziehung erlebt hat. Was ist der Grund, daß das Angesicht, welches es noch dem achtzehnten Jahrhundert zukehrt, eine so olympische Heiterkeit, ein so siegreiches Selbstbewußtsein abspiegelt, so ganz unter der Beleuchtung der Aufklärungsideen strahlt, während es eine durchaus entgegengesetzte Physiognomie annimmt, je entschiedener der Charakter des neunzehnten sich ihm aufprägt? Woher bei aller Vertiefung des Ausdrucks jene fahlen Schatten, jene dunkeln, schwermüthigen Züge, der oft wilde und phantastische, dann lange so träumerische, wie vom Schleier des Wahnes überzogene Blick seines Auges? Es ist einfach der Rückschlag auf die Fieberhitze des Revolutions-Zeitalters. Dieses psychologische Phänomen bildet den einheitlichen Gesichtspunkt, unter welchem die ganze politische, theologische, wissenschaftliche und künstlerische Geistesthätigkeit der auf die Revolution folgenden Restauration aufzufassen ist. So allein ist es zu verstehen, wenn man krampfhaft und krankhaft nach Verhältnissen und Formen zurückstrebte, welche schon gänzlich aus dem Leben der Völker verschwunden schienen, wenn man in allem Ernst Ansichten und Grundsätze geltend machte, gegen welche sich noch eben die öffentliche Meinung mit aller Entschiedenheit erklärt, gegen welche der Witz und Scharfsinn der Philosophen, Dichter, Schöngeister und Journalisten das Mögliche geleistet hatte. Man muß sich, um eine derartige Stauung und Rückströmung des geistigen Fahrwassers begreiflich zu finden, immer wieder an die geradezu betäubenden Eindrücke erinnern, unter welchen jene Generation herangewachsen war. Kämpfe und Katastrophen, deren Gedächtniß noch auf uns bei jeder genauen Vergegenwärtigung so aufregend und erschütternd als nur immer möglich wirkt, mußten mit einer wahrhaft unwiderstehlichen und für uns ganz unberechenbaren Gewalt auf die Seelen der Zeitgenossen fallen. Wie nun aber die physische Wirkung eines jeden heftigen Zusammenstoßes, z. B. bei Gelegenheit eines Eisenbahn-Unfalles, in einer Erschütterung des Gehirns sich kundgibt, von welcher dieses sich oft nur sehr allmälig wieder erholt, so üben auch große Wechselfälle des allgemeinen Geschicks auf das Bewußtsein der Völker ihre lähmenden Wirkungen. Es handelt sich hier namentlich um die Völker des Continents, welche unmittelbar von den vulkanischen Wirkungen der französischen Revolution ergriffen worden sind. Was hatte man doch nicht Alles erlebt! Zuerst die gewaltige Begeisterung, dann den Schrecken der französischen Revolution, hierauf allgemeine Sclaverei der Völker unter dem Joche eines dämonischen Eroberers, der die Geißel, deren Enden schon die Küsten des fernen Aegyptens und Syriens gestreift hatten, nunmehr über einem Lande des alten Europas nach dem andern schwang. Alle gewohnten, durch die Zeit geheiligten Formen wurden zertrümmert; mit Empfindungen, welche an die der Wilden erinnern, wenn zu ihrem äußersten Schrecken und Erstaunen ihre angebeteten Götzen, ohne sich zu wehren, den rohen Axthieben eindringender Fremden erliegen, sahen jetzt die alten Culturvölker Europas in raschem Wechsel Reiche entstehen, Reiche vergehen, Dynastien eingesetzt, Dynastien abgesetzt, ein Kaiserreich ältesten Ursprungs sich auflösen, ein Kaiserreich neuesten Datums aus dem Chaos der Revolution erstehen; endlich erlebte man den wunderbaren Zug nach Rußland, und dann plötzliche Rettung, gerade da eintretend, wo der menschliche Witz an seiner äußersten Grenze angelangt schien. Der vergötterte Held, in welchem auch der Philosoph Hegel eine Art verkörperter Weltseele zu erkennen glaubte, sollte einen tragischen, fast kläglichen Ausgang finden, welcher aber freilich die Phantasie der Menschen um so mehr beschäftigte, je ferner der gestürzte Imperator selbst durch seine Verbannung auf das Felseneiland den neugierigen Blicken der Zeit gerückt war. Es ist kein Wunder, wenn alle diese ungeheuern Erlebnisse eine Erschütterung und Aufregung der Gemüther zu Wege brachten, zu deren Heilung Kant's reine und praktische Vernunft so wenig mehr ausreichend befunden wurde, als die Recepte der Aufklärung und des Rationalismus. Es war das Entsetzen über diesen unerhört gewaltsamen, tief tragischen Verlauf der Welt= und Menschengeschicke, was bei den Staats= und Kirchenmännern der nächstfolgenden Generation an die Stelle der leitenden Gedanken trat, was ihren ganzen Horizont bedeckte, sei es, daß sie ein solches Entsetzen selbst mitempfanden, sei es, daß sie es als oberste Thatsache im Bewußtsein der Zeit voraussetzten und im Interesse der umfassendsten Wiederherstellung früherer Zustände auszubeuten suchten. So folgte auf die erste Hälfte unserer Periode, auf die Epoche der Revolution, die andere, die Epoche der Restauration — eine Zeit, die mit ihrem, zuweilen fast jeder Controle des vernünftigen Denkens sich entschlagenden Eifer für Zurückführung von innerlich längst überwundenen und geschichtlich verurtheilten Zuständen oft einer pathologischen Beurtheilung unterliegt.

Die Reaction par excellence schloß sich bekanntlich bei uns unmittelbar an die Befreiungskriege an. Diese bezeichnen den Zeitpunkt, da sich im deutschen Volke eine große Wendung von seinen ästhetischen und philosophischen Idealen zu den religiösen vollzogen hat. Es nahmen Wohnung in unserem Volke eine Tiefe der Lebensauffassung, ein Ernst der Lebensführung, welcher seine kräftigsten Zuflüsse aus den Quellen der Religion bezog. Aber wie ist diese gläubige Stimmung, diese arglose Willigkeit so kläglich abgefangen worden von den egoistischen Mächten des Rückschritts! Wie ist das volksthümliche Bedürfniß so schlau ausgebeutet worden zu Gunsten der theologischen Beschränktheit! Wie ist dem deutschen Volke jene heilige Errungenschaft, die es aus den Befreiungskriegen nach Hause gebracht zu haben glaubte, unversehens im eigenen Herzen verfälscht und vergiftet worden! Wie bald sahen wir aus der frommen Begeisterung jener Jahre ein nach Oben schielendes Frommthun erwachsen, welches nicht säumte, mit der rechtsverachtenden Gewalt gefährliche Blicke zu wechseln, bis endlich zum unsäglichen Nachtheil aller Völker des Continents jener verhängnißvolle Bund zwischen Thron und Altar geschlossen war, welcher so lange das Hauptärgerniß unserer öffentlichen Zustände gebildet hat!

In den nächsten Jahren nach dem Wiener Congreß durchdrang ein bösartiger Gifthauch reactionärer Tendenzen alle Schichten des geistigen Lebens. Die Regierungen hatten nichts wichtigeres zu thun, als die von den Freiheitskriegen nachzitternde Aufregung zu dämpfen, alle in der Nation erwachten Wünsche und helleren Aussichten auf ein niederes bureaukratisches Maaß zurückzuführen, die gemachten Verheißungen zum guten Theil unerfüllt zu lassen, die lästigen Mahner unschädlich zu machen. Es war die Zeit, da idealere Auffassungen des Staatslebens zurücktreten mußten vor der pflichtmäßigen Bewunderung, die man dem Klappern der Staatsmaschine Metternich's und dem wenig erbaulichen Orgelklang schuldete, womit die Staatskirchen accompagnirten; da selbst die Wissenschaft dazu herhalten mußte, die Politik der Feudalzeit nach Anleitung der berüchtigten „Restauration der Staatswissenschaften" des Systems Karl Ludwig von Haller's zu verherrlichen und als alleinseligmachende Weisheit anzupreisen. So rasch zerfiel überall jene herrliche Erhebung der Geister, wie sie die glorreichen Waffenthaten des deutschen Volks in den Jahren der Befreiungskriege begleitet hatte: in Deutschland namentlich schien nicht mehr viel davon übrig geblieben zu sein, es sei denn, daß man die Reste hätte in der bureaukratischen Regierungsweisheit, welche jetzt in Preußen an die Stelle der Ideen eines Stein und Wilhelm von Humboldt treten sollte, oder in der geistreich schimmernden Blasirtheit entdecken wollen, womit in Oesterreich Gentz und seine Gesinnungsgenossen alles Reden von Rechten der Völker für eiteln Schaum und Dunst ausgaben. So ist es damals zu einer Regeneration, zu einem sittlichen und politisch wiedergeborenen Deutschland nicht gekommen, wohl aber zu einer Restauration, und zwar im traurigsten Sinne des Wortes, da die Zustände des in zwei Großstaaten auseinanderstrebenden und bunbestäglich zusammengeleimten Deutschlands bekanntlich das Bild der Lähmung nach innen, der Ohnmacht nach außen darstellten und nicht blos Gegenstand der Mißachtung der fremden Mächte und Völker, sondern, was noch kläglicher war, Anlaß zu fortgesetzter Selbstironie und Selbstverhöhnung des deutschen Geistes waren. Und nun gar die Kirche! oder vielmehr, um uns zunächst auf protestantischem Gebiet zu halten, die dreißigerlei Landeskirchen Deutschlands mit ihrem ganzen geweihten Apparat von Heilsgütern, die Niemand mehr heilten, von Zuchtmitteln, die nicht mehr zogen, von aus dem Schutte der Vergangenheit wieder hervorgeholten Glaubenslehren, die kaum die Hälfte ihrer Diener und Mitglieder mehr glaubten! Welche Verlegenheiten für viele deutsche Fürsten, daß sie, die sich auch bei redlichstem Willen doch eben auf religiösem Gebiete keine besondere Mission zuzuschreiben vermochten, nun zugleich „Landesbischöfe" sein sollten, ja, wie die Dinge einmal lagen und vielleicht noch geraume Zeit liegen werden, im Interesse der Kirche selbst sein mußten! Was sollten sie unternehmen auf einem Gebiete, da rein sachgemäße Orientirung so schwer zu erlangen ist, weil die eigentlich Sachverständigen, die Theologen, unter sich stets entgegengesetzter Meinung sein werden? Wo war sicheres Land in dem Strudel der sich gegenseitig verschlingenden theologischen Zeitströmungen? War es nicht am einfachsten, die alten Symbole und Liturgien, die doch wenigstens Anspruch auf handgreifliche Wirklichkeit erheben konnten, wieder aufzugraben und als sichere Rechtsgrundlagen für die kirchliche Autorität zu benutzen? So kam es zu dem bureaukratischen Kirchenbau des modernen Deutschlands. Darin war nun freilich von dem Feuer der Religion, das einst in den Jahren der Befreiungskriege erwärmt und erleuchtet hatte, nicht mehr viel zu verspüren und vergeblich warf die neu auflebende Rechtgläubigkeit in die nur noch schwach brennende Flamme, um sie wieder zum Lodern zu bringen, die nunmehr verdammten Bibliotheken der Aufklärung, des Rationalismus, der Philosophie hinein. Diese Papiergluth und der damit verbundene Rauch erbauten nicht mehr, imponirten noch weniger. Andererseits aber war die Zeit der Aufklärung und des Rationalismus vorbei: im richtigen Gefühl dessen schraubte sich der mehr in die Tiefe gehenden Bewegung der Geister eine Orthodoxie als Kopf auf, die mit Glück ihren Beruf darin suchte, das Volk aus der Wüste des Unglaubens in das gelobte Land seiner bewährten väterlichen Religion zurückzuführen. So war auf diesem Gebiete aus der gesundesten Erhebung das Ungesundeste und Verderblichste hervorgegangen, und es fiel den Enkeln schwer, in der ebenso herrschsüchtigen, als innerlich ohnmächtigen Polizeikirche, welche man in jedem Staat und in jedem Städtchen aufgebaut hatte, das Heiligthum zu erkennen, welches, wie ihnen gepredigt wurde, einst ihre Väter mit ihrem Blute erstritten hatten. Daher die Verachtung, womit der Kirche gerade von den Patrioten der dreißiger und vierziger Jahre begegnet worden ist. Sie sahen in ihr nichts, als die Fabrik, in welcher das Morphium gebraut wurde, womit man den Geist des Volkes einschläferte, nichts als den großen Zauber und Schwindel, womit die Regierungen dem deutschen Volk das gesunde Denken zu entleiden versuchten.

Sehen wir nun aber genauer zu, so müssen wir freilich sagen: es konnte damals gar nicht wohl anders kommen, als es gekommen ist. Die Regierungen haben diesen allgemeinen, namentlich auch den kirchlichen Rückschritt nicht allein gemacht. Auch unterstützt von den geriebensten theologischen Industrierittern, wie deren das neunzehnte Jahrhundert allerdings eine stolze Zahl aufweisen kann, hätten sie ihn doch nicht zu forciren vermocht, wenn er nicht in der allgemeinen Atmosphäre der Zeit begründet gelegen hätte, so wenig sie den kirchlichen Fortschritt, wenn die Zeit ihn gebieterisch verlangt, auf die Dauer aufzuhalten im Stande sind. Darin zu allermeist liegen heute unsere besseren Hoffnungen für den Ertrag des letzten französischen Krieges begründet. Gerade so schöpferisch auf dem Gebiete des Staats- und Völkerlebens unsere Zeit ist, so erschöpft und ruhebedürftig war jene. Wie in unserer Zeit hervorragende Rüstzeuge des conservativen Principes fast unwillkürlich belehrt und disciplinirt durch die großen Aufgaben des Tages, zu wirkungskräftigen Organen und Executivmächten liberaler Ideen geworden sind, und wie es heute der Werdegang der gesunden Naturen ist, sich von rechts nach links zu entwickeln, so war damals die Entwickelung von links nach rechts an der Tagesordnung, und sind gerade aus den Reihen des idealistischen Fortschritts die namhaftesten Vertreter der Reaction erwachsen. Mit Staunen bemerkt man z. B., daß aus jener teutonisch enthusiasmirten Burschenschaft, welche seit 1817 und noch mehr seit 1819 so schimpflich verfolgt wurde, die hartgesottensten Sünder hervorgegangen sind, welche Deutschlands rückläufige Entwickelung hervorgebracht hat, obenan Hengstenberg mit Heinrich Leo, im weiteren Gefolge auch Krummacher, Harleß, Guerike und viele Andere. Erstaunt frägt man nach einem denkbaren Bande, welches die alten Burschenschäftler von 1820 mit den Reactionärs der vierziger und fünfziger Jahre verknüpfe. Es gibt ein solches Band. Der Name „Romantik" deutet es an. In jungen Tagen schwärmte man für Jungfrau Germania, für Söhne Teuts, für mittelalterlichen Kaiserglanz, in alten für die Jungfrau Maria, für Propheten und Heilige, für Kirche und theokratische Ordnungen. Jetzt wie früher glaubte man dabei echt volksthümlich zu sein und verließ sich darauf, daß, was in der hochgetriebenen Rhetorik, der man sich ergeben hatte, etwa über den eigenen, leider auch von Zweifel angefressenen Verstand hinausgehen sollte, die richtige Ergänzung schon werde finden seitens der ungeschwächten Glaubenskraft des Volkes, die sich die Romantik als ein unerschöpfliches und unverwüstliches Capital dachte.

Es sei uns erlaubt, dem Gegensatz von Heute und Damals nach dieser speciellen Richtung noch ein Weniges weiter nachzugehen! Wir wollen ihn zu beleuchten suchen, indem wir unsern Ausgangspunkt von dem eben berührten Begriffe der Romantik nehmen.

Was ist das für ein Geist, den wir mit diesem Namen citiren? Versetzen wir uns einen Augenblick zurück in die Wende des letzten Jahrhunderts zu diesem! Schon in der Sturm- und Drangperiode unserer Literatur waren die aus langem Schlummer erwachten Kräfte der Phantasie und des Gemüthslebens sozusagen ihres Daseins wieder inne und froh geworden. Jetzt gingen sie mit anderen, die Zeit beherrschenden Mächten eine eigenthümliche und folgereiche Verbindung ein. Sie eben meinen wir zunächst mit dem Namen der Romantik. Schwer zu beschreiben ist diese in allen Farben schillernde Glanzerscheinung allerdings. Es war Hellenenthum und Mittelalter zugleich, wofür man hier begeistert war, heidnische Naturschwärmerei und christliche Glaubensseligkeit, mythische und mystische Theologie, Fichte's idealistische und Schelling's naturalistisch-pantheistische Philosophie — dies Alles reichte sich hier die Hände zu einem denkwürdigen Bunde, welcher zunächst und vorzugsweise allerdings gegen die Perrücken und den Puder des Zopfjahrhunderts, gegen die aufgeklärte Beschränktheit und Alles verflachende Philisterhaftigkeit, auch gegen die hausbackene Tugend des gleichzeitigen Spießbürgerthums gerichtet war, dabei aber schon früh in einzelnen seiner hervorragendsten Glieder eine Neigung zeigte, sich über jede Schranke des Herkommens, der Sitte und Zucht als über veraltete Vorurtheile egoistischer Philister hinwegzusetzen und auf diese Weise unversehens die Grundlagen des Sittengesetzes selbst zu zerstören. Die Romantik sollte der zauberhafte Gesundbrunnen sein, darin der müde gewordene Geist der Zeit sich verjüngen und kräftigen wollte; in der That freilich glich sie mehr einem erschlaffenden Luxusbade. Ihre Kundgebungen stellten in Aussicht, daß im wohlthuendsten und ersehntesten Gegensatze zu der Prosa des vergangenen Jahrhunderts, zu der platten Nüchternheit des Verstandes, zu der gemeinbürgerlichen Nützlichkeitsmoral die Wirklichkeit mit dem Geiste der Poesie durchdrungen und die Gesellschaft, soweit sie überhaupt für geistige Interessen zugänglich war, in eine Sphäre der Bildung erhoben werden sollte, wo Natur und Geist sich im Cultus der Kunst, Kunst und Leben sich in der höheren Einheit der Religion begegnen würden. Aber diese Religion war nur das Zwielicht, in welchem, wie man glaubte, die dichterische Production leichter von statten ging, als in der Sonnenhelle; das Zwielicht, welches man auch aus anderen Gründen aufzusuchen veranlaßt war. Wo man hinsieht, begegnet man in den Dichterkreisen dieser Tage grundsätzlich zügellosem Leben, lockeren Eheverhältnissen, selbstmörderischen Leidenschaften. Heutzutage, wo die dem Sittengesetz geltenden Verirrungen, welche in diesen Kreisen im Schwange

gingen, durch so manche nachträgliche Veröffentlichungen von
Briefen und Tagebüchern, die keineswegs immer „Bekenntnisse
schöner Seelen" zu nennen, zur allgemeinen Kenntniß gelangt
sind, kann man es nur als ein Glück für das deutsche Volk prei=
sen, daß bei dem Secten= und Cliquengeist, welcher der Romantik
von Anfang anhaftete und anhaften blieb, jene Kreise der Gesell=
schaft, welche sich mit den neuen Ideen durchdringen und sättigen
ließen, dem eigentlichen Volksleben thatsächlich immer ferne ge=
standen und unzugänglich geblieben sind. Sonst hätte es, anstatt
daß die deutschen Zustände allmälig einer Wiedergeburt des Volks=
geistes auf dem Gebiete des Gedankens, der Wissenschaft, der
Religion, des Staates entgegenreiften, unter Umständen viel
leichter und schneller zur innerlichen Aushöhlung und Auf=
lösung desselben gerade in seinem tüchtigsten Kern, in
seinem sittlichen Herz= und Mittelpunkte kommen können. Man
kann sagen, daß Schiller in einem gewissen Sinne der gute
Genius war, an dessen Hand das deutsche Volk an diesem dro=
henden Abgrunde sicher vorbeigewandelt und seine Ideale vor dem
fressenden Gifte des poetischen Genußlebens und der philosophi=
schen Blasirtheit, vor dem „ironischen Ich", wie Friedrich
Schlegel es verkündigte, gerettet hat. Gleichsam die Kari=
katur jenes, die sittliche Weltordnung repräsentirenden „Ich",
welches den Mittelpunkt der Philosophie Fichte's gebildet hatte,
will dieses „ironische Ich" Friedrich Schlegel's nur seine
eigene Genialität und Ueberlegenheit an der Außenwelt beweisen,
und ist es für das Größte wie das Kleinste nur dazu da, um
damit Witz und Spiel zu treiben. Eigentlich — so lautet die
neue Lehre — verhält sich der gebildete Mensch zu jedweder Thä=
tigkeit als einer nur gelegentlichen Aeußerung seines Selbsts
gleichgültig; es ist ihm viel zu gering, sich mit irgend etwas im
Ernst abzugeben; es ist ihm Alles Bagatelle und Zeitvertreib, und
mit Nichts ist es ihm Ernst, als mit dem Entschlusse, niemals
Ernst machen zu wollen. Welch einen Gegensatz zu diesem in
den Romanen der Schlegel und Tieck mehr oder weniger zu
Tage tretenden, auflösenden Treiben, bildete das ernste, ethische
Ringen Schiller's, dessen Helden sich mit ihrem ganzen Pathos

der Menschheit zu Dienst verpflichtet wissen und ihr eigenes Dasein im wilden Empörungskrieg gegen Unnatur und Knechtschaft in die Schanze schlagen! Andererseits waren es die von der Ethik Kant's ausgegangenen, kräftigenden Anregungen auf die sittliche Charakterbildung, welche in Schiller's philosophischen Gedichten dem Verständniß der Nation näher traten und in ihrem Gewissen sich einbürgerten, während Göthe's Anschauungen von Welt und Natur ihr philosophisches Seitenstück vielmehr in Schelling und den der Romantik zugewandten Philosophen finden sollten. So geschah es also nicht zufällig, wenn die Romantiker, indem sie Göthe's Genius huldigten, ja schmeichelten, Schiller vornehm zu ignoriren, oder, wie namentlich wieder die Schlegel versuchten, sogar zu schulmeistern, ja, wie Adam Müller that, als revolutionären Agitator anzuklagen unternahmen. Aber auch das war kein Zufall, wenn das Herz des deutschen Volkes, nachdem lange die beliebte Frage, ob Schiller, ob Göthe, den Gegenstand der öffentlichen Verhandlungen gebildet hatte, endlich für Schiller entschied. Es war keineswegs die größere dichterische Kraft, welche den Ausschlag gab, sondern der erkannte Werth der Schiller'schen Muse für die idealen Bedürfnisse und Instinkte des sittlichen und religiösen Volkslebens. In seinen Dichtungen fand man mit zunehmender Sicherheit das allseitigste Spiegelbild der tiefsten Charakterzüge des deutschen Volkes wieder, die Schöpfungen eines Mannes, der durch schwere Prüfungen hindurch sich zur schönsten Idealität eines sittlich starken Charakters emporgearbeitet hatte. Dies erweckte Liebe und Begeisterung, während sich die Romantik im Laufe eines halben Jahrhunderts allmälig um alle Sympathien gebracht sah und heutzutage der Vergangenheit in jedem Sinne angehört.

Dies kann uns nicht abhalten, die Gefahr, welche von diesem einseitig phantastischen Bildungsdrang, trotz seines poetischen und philosophischen Brillantfeuers, nicht blos für die wissenschaftlichen, sondern auch für die politischen Interessen des deutschen Volks ausgegangen war, in ihrer ganzen Größe zu würdigen. War die Romantik überhaupt zu einer Poesie des Unendlichen geworden, welches ihren Lehren zufolge nur durch Sinn und Gefühl, nicht

aber durch Gewissen und Vernunft sich ankündigt, so verstand es
sich von selbst, daß dieser Poesie bald jede begrenzte Form ab=
handen kommen und sie sich, je länger, desto mehr in eine Traum=
und Dämmerwelt, in die Welt der Märchen und Legenden, der
Drachen und Jungfrauen, der Ritter und Zauberer einspinnen
mußte. In solch wunderlichem Chaos von Halbwahn und Aber=
glauben gefiel sich die schwärmende Einbildungskraft zuerst dichtend,
dann auch glaubend. Damit hing aber wieder jene ungerecht=
fertigte Abwendung von der Wirklichkeit, von der verständigen
und lichten Welt des Modernen, von den großen weltbewegenden
Fragen und Aufgaben der Gegenwart zusammen, welcher bekannt=
lich selbst der, diese Reihe von Zeitgenossen sonst so unendlich
überragende, kerngesunde Geist Göthe's zum Theil erlegen ist.
Als das deutsche Volk in die Lage kam, seine Leier mit dem
Schwerte zu verbinden, als es Sänger des Krieges, als es Lieder
brauchte, in denen das tief gekränkte Rechtsbewußtsein, der Frei=
heitsdrang und das erstarkte Nationalgefühl sich aussprechen soll=
ten, da hat es noch tiefer als je zuvor seinen Schiller vermißt.
Damals hätte er es ausgestaltet, jenes erst in späten Tagen
aus dem Schutt hervorgezogene Fragment mit den merkwürdigen,
der Nation ins Gewissen geredeten Eingangsworten:

> Fluch und Schmach dem deutschen Sohne,
> Der die angeborne Krone
> Seiner Menschenwürde schmäht,
> Nach des Franzmanns eiteln Götzen,
> Nach des Britten todten Schätzen
> Ehrvergess'nen Sinnes späht!

Der weitere Fortgang bezeichnet den gesunden Fortschritt, wel=
chen des Dichters ursprünglicher Kosmopolitismus mit der Zeit
im Sinne eines patriotischen Hochgefühls gewonnen hatte, das
zugleich den freien Ausblick auf die ganze Welt zu bewahren
wußte:

> Freie Bahn dem Geist erfechten
> Heißt für alle Völker rechten.

Wie in den Zeiten der Reformation, so rechtete Deutschland auch
in den Befreiungskriegen für alle Völker. Aber es ist eine be=
schämende Wahrnehmung, daß gerade diese Zeit ihre Sänger

und Herolde keineswegs immer in den Reihen der begabtesten und geistvollsten der gleichzeitigen Schriftsteller gefunden hat. Wohl zweigte sich von dem allgemeinen Stamm der romantischen Schule eine besondere Richtung ab, die höchst ehrenwerthe und sittlich hochstehende, echt patriotische Gruppe der Schenkendorf und Genossen. Aber gerade an den leitenden Geistern ging die große Epoche vorüber, ohne Spuren eines kräftigenden und läuternden Einflusses zurückzulassen. Nicht wenige blieben thatlos auf dem bequemen Lotterbette des „ironischen" und blasirten „Ich" liegen, um sich endlich, wie Metternich's Protokollführer auf dem Wiener Congreß, Gentz, nur noch zu Thaten des politischen Rückschritts und der gott= und geistverlassenen, blinden Restaurationslust zu erheben. Noch bezeichnender war der Uebertritt seines früheren Genossen und Geistesverwandten Friedrich Schlegel zum Katholizismus, und er war bekanntlich lange nicht der Einzige, der sich in jenen Jahren der erstaunten Welt plötzlich mit Kreuz und Rosenkranz producirte. Was Anfangs nur ein scheinbar harmloses Spiel der Phantasie gewesen war, das Schön- und Liebthun mit dem Mittelalter, dessen farbenreiches Leben, wie man sagte, nach allen Seiten hin von der Poesie der Religion begleitet und durchtönt gewesen sei, das wurde bald genug zur fixen Idee, die öffentliches und geheimes Convertitenthum in Menge erzeugte. Es kam unter den Romantikern die Rede auf, die Reformation habe die Kunst zerstört. Die ganze romantische Schule ist nach dem Bekenntnisse Joseph von Eichendorff's, eines ihrer begabtesten, und vor Allem auch eines patriotischen Sängers, nichts als „Heimweh nach der verlorenen Heimath", d. h. nach dem mittelalterlichen Katholizismus und seinen Kirchenhallen, seiner Kunst, seiner Poesie, aber auch seiner Unvernunft, seiner Kritiklosigkeit, seiner blinden Bigotterie, mit einem Worte — nach seinem zweideutigen Helldunkel. Auch hier liegen die Motive am klarsten wieder bei Friedrich Schlegel zu Tage, der auf's mannigfachste compromittirt durch literarische und unliterarische Sünden, in der Lage war, sein baufälliges Dasein mit starken Hilfsgerüsten unterstützen zu müssen und deßhalb da, wo man bereitwillig Gnade für Recht ergehen läßt, wofern nur

Unterwerfung geleistet wird, seine dauernde Heimath fand. Und wie ihm, so erging es auch Andern. So kam „der katholische Zug" in die moderne Welt. Die ganze kraftvolle Entwickelung echt protestantischer Ideen von Luther's Glaubensthaten bis herab zu Kant's schneidiger Kritik des menschlichen Erkenntniß= vermögens und die, von seiner Moralphilosophie ausgehende „Erneuerung der sittlichen Weltanschauung der Reformation"*) — das Alles sollte jetzt als überflüssige Verlängerung der Welt= geschichte bei Seite geschoben und verläugnet werden. So war man auf dem lustigen Umweg über die Kunst endlich richtig wieder bei der hirnlosen Bigotterie einerseits, dem praktischen Jesuitismus andererseits angelangt.

Freilich traf auch alles Denkbare zusammen, um der großen europäischen Reaction vor Allem eine Richtung auf Religion und Kirchenwesen zu geben. Daher im Gegensatz zu den voran= gegangenen hundert Jahren die steigende Bedeutung der kirch= lichen Fragen, das verhängnißvolle Hervortreten von Interessen, welche im Jahrhundert der Aufklärung fast eingeschläfert schienen! Keine andere Eigenschaft unterscheidet dieses letztere so auffallend, sowohl von vorangegangenen Perioden, in welchen oft die ganze Weltgeschichte in der Kirchengeschichte aufgegangen war, in ihr ihren beherrschenden und bewegenden Mittelpunkt gefunden hatte, als auch von den nachfolgenden, deren Räthsel in dem unvermittelten Nebeneinanderbestehen einer neu gewonnenen weltlichen, und der alten, aber zu neuem Dasein erwachten, kirchlichen Weltanschauung besteht. Daß man sich dieser kirchlichen Strömung so bald kaum mehr zu erwehren wußte, war die erste und naturnothwendigste Folge jener beschriebenen Reaction auf den großen Zusammen= sturz, welcher ja in Frankreich nicht blos den Katholizismus, son= dern auch das Christenthum selbst nicht verschont hatte. War die Irreligiosität zuvor gerade in aristokratischen Kreisen am eif= rigsten gepflegt worden, so erzeugten sich jetzt in denselben Classen der Gesellschaft religiöse Verirrungen und Excentrizitäten der wunderbarsten Art. Hatten doch sie, die sonst den Wechselfällen

---

*) Ritschl: Die christliche Lehre von der Rechtfertigung und Versöhnung, I, S. 411.

des Lebens weniger preisgegeben sind, vor anderen Schichten der Gesellschaft unter dem Sturm jener ereignißvollen zwanzig Jahre gelitten! Aber auch die Aristokratie des Geistes zeigt sich bald auf demselben Rückzuge begriffen. Noch ehe die Restauration in den legitimistischen und klerikalen Schriftstellern Frankreichs ihre eigentlichen Triumphe feiert, machen sich, gemischt mit revolutionären, auch sehr bedeutende reactionäre Stimmungen in der noch von Rousseau inspirirten Literatur der französischen Emigration geltend. An die Stelle der Unzufriedenheit, wie sie vor den großen Katastrophen gährt, trat jetzt die Unzufriedenheit, wie sie nach denselben, wenn die Enttäuschung da ist, zu herrschen pflegt. Gerade Benjamin Constant, hierzu von allen seinen Gesinnungsgenossen der unberufenste, schrieb ein Werk über die Religion, welches die Bestimmung hatte, den religiösen Geist wieder in Frankreich einzuführen. Der erste Entwurf dazu stand auf der Rückseite eines Kartenspiels geschrieben, und Madame de Charrière, in deren Salon er spielte und arbeitete, war die erste Leserin dieser neumodischen, aus der Blasirtheit geborenen Erbauungsliteratur. Ernsthaftere Pflege fanden die neualten Ideen da, wo Chateaubriand oder gar Joseph de Maistre gelesen wurde. Hier aber stand das Urtheil über die Revolution fest. Wie man ihr Verbrechen in einem gewaltsamen Bruch mit dem geschichtlichen Entwickelungsgang begründet fand, so ließ man jetzt jeglichem Wahn und Aberglauben der Vergangenheit das lang verkannte Recht des „Historischen" zu Gute kommen, dem man wieder aufhelfen müsse. Man beeilte sich, um womöglich mit Einem Sprunge aus dem Zustande der Gleichgiltigkeit und der Frivolität in denjenigen der begnadigten Sünde und der angehenden Heiligkeit überzutreten. Seither ist die Frömmigkeit salonfähige Tugend auch bei uns geworden. Um aber doch das alte Wesen in zeitgemäß erneuerten, pikanteren Formen zu haben, kleidete sich das Bedürfniß, sich inmitten der Wirren der Zeit, des Strudels schwindelnder Verhältnisse an „feste", an „objective" an „geschichtliche" (oder wie man sich sonst ausdrücken mochte) Mächte zu klammern, in eine sentimentale Liebhaberei für das Mystische und Uebernatürliche, für Weissagungsglauben und Apo=

kalyptik. Winkelpropheten und Wahrsagerinnen fanden allenthalben Zutritt und Glauben. Selbst der Kaiser Alexander von Rußland war bekanntlich nicht ohne Empfänglichkeit für derartige Einflüsse, und sie haben wenigstens mitgeholfen, das bezeichnendste aller politischen Symptome dieser Zeitstimmung zur Geburt zu fördern, die sog. heilige Allianz, welche unter dem Aushängeschilde patriarchalisch-idyllischer Zustände, wie sie künftighin zwischen Herrschern und Völkern obwalten sollten, und unter feierlicher Appellation an alle christlichen Gefühle der Zeitgenossen ein politisches System in Europa aufrichtete, dessen Tendenz durchaus auf Beseitigung aller demokratischen und constitutionellen Bestrebungen, auf Zurückführung der alten Zustände, auf Hebung des absolutistischen Princips gerichtet war. Aber wie hier, so steckte überhaupt in diesem gesammten frommen Gebahren der höheren Welt ein politischer Instinkt, nicht selten auch bewußte Berechnung und Ueberlegung als des Pudels Kern. Man fand es jetzt vortheilhafter für die Interessen des Standes und Besitzes, die Religion nicht mehr in Gesellschaft der Philosophen zur Zielscheibe eines oft sehr wohlfeilen Witzes zu machen, sondern angesichts der Wunder, die man gesehen hatte oder gesehen zu haben vorgab, kehrte man zurück zu dem „alten Gott", zu der „Mutter Kirche", zu der „Lehre der Väter", zum „unbeweglichen Wort", zum „Fels Petri", und wie die Redensarten alle heißen. Selten haben jesuitische Berechnung und krankhafter Schwindel sich so trefflich in die Hände gearbeitet; selten hat sich in so classischer Weise geoffenbart, was die Religion im Boudoir und am Theetisch besagen will. Insonderheit in Frankreich waren es die hochgestellten Damen, welche das neue Reich, den irdischen Sabbath, den tausendjährigen Frieden verkündigten, der jetzt, nach dem Sturze des „schwarzen Engels", des „Thieres mit den sieben Hörnern", anbrechen sollte. Graubärte, die beim Cultus Voltaire's gealtert hatten, mußten sich jetzt die Missionsversuche dieser improvisirten Prophetinnen, denen man nichts abschlagen durfte, gefallen lassen. Derselbe blasirte Leichtsinn, welcher sich zuvor an sittenlosen Romanen ergötzt hatte, fand jetzt sein Gefallen an mystischen Tractätchen. Es war Alles wie früher und doch

Alles verändert. An die Stelle der galanten Abenteuer waren Seelenfreundschaften getreten, und wenn man sich früher gegenseitig verführt hatte, so erwies man sich jetzt die Gegenleistung der Bekehrungsunternehmungen. Wurde doch sogar der alte Talleyrand noch ins Gebet genommen, als seine schöne Nichte, die Herzogin von Dino, innerlich erleuchtet worden war. Aber auch ganz von selbst kam die Staatskunst des Restaurationszeitalters auf solche Fährten. Sie hätte ja auf den Kopf gefallen sein müssen, wenn sie das günstige Fahrwasser nicht bei Zeiten wahrgenommen hätte, auf welchem ihre selbstsüchtigen und nichts weniger als idealen Zwecke wie von einer geistigen Macht, von einem geheimnißvollen poetischen Zuge der Zeit gehoben und getragen erschienen. Und so vergingen denn allmälig die Fieberträume der Schwärmer und Mystagogen, welche sich an der Vernichtung Napoleon's entzündet hatten, und blieb aus dem verrauschenden Spiritus das kalte Phlegma jesuitisch-diplomatischen Calculs zurück.

Während man in dem leichtsinnigen Wien kaum ein Bedürfniß nach Illusion empfand — es hätte ja auch der geistreiche dichterische Schimmer in der Romantik dem Metternich'schen System recht affenhaft zu Leibe gestanden — so war der Bund, welchen reactionäre Politik und romantische Neigungen zu Berlin schlossen, um so bedeutungsvoller und inhaltreicher. Und zwar geschah dies sofort unter dem Protectorate und den Auspicien des damaligen Kronprinzen, späteren Königs Friedrich Wilhelm IV., welcher schon im Anfange der zwanziger Jahre in den Staatsrath eingetreten war und seither diese Richtung mit großem Erfolg zu fördern beflissen war. Man hat diesen geistreichen Fürsten mit Recht als einen Beschützer und Beförderer von Kunst und Wissenschaft gepriesen. In der That ist es zum Theil auf sein Verdienst zurückzuführen, wenn Deutschland schon in den 15 Jahren, welche zwischen dem Wiener Congreß und der Julirevolution in der Mitte liegen, den soliden Grund zu jener allseitigen Beherrschung der verschiedensten Wissensgebiete gelegt hat, durch welche es im Laufe der folgenden Jahrzehnte Kopf und Herz Europas geworden ist. Aber auch diese Wissenschaftsblüthe hat ihre Kehrseite. Es ist nicht zufällig, daß ihre hervorragendsten Vertreter fast alle freundschaftlich an die romantischen Dichterzirkel anknüpfen. Nur aus dem durch die romantische Ueberschwemmung befruchteten und überfruchteten Geistesboden konnte das Wissen in so üppiger Fülle emporschießen, daß dem deutschen Volke darüber auf lange Zeit der Ehrgeiz der Freiheit und der Trieb nach naturgemäßer Betheiligung an der Entscheidung seiner allerwichtigsten Geschicke fast verloren ging. In der That trat ein, worauf man in Wien speculirt hatte. Es erwies sich, daß der deutsche Geist durch Philosophie und Wissenschaft von den gefährlichen Bahnen der praktischen Politik am sichersten abzulenken war. Die Zeit der Romantik ist in allen denjenigen Fächern der Wissenschaft am größten geworden, welche mit dem wirklichen Leben am wenigsten zu thun haben. Mit vollem Bewußtsein und folgerichtigem Ernst ward zwischen Schule und Leben eine undurchsichtige Scheidewand aufgerichtet, die fast ein halbes Jahrhundert Bestand hatte. Von jenen Tagen vor Allem datirt das Vorurtheil, als sei das Abscheiden von dem offenen Markte des Lebens mit der Würde des Gelehrten unabtrennbar verbunden. Gleich nach den Befreiungskriegen hielt Hegel seine Antrittsrede in Heidelberg, worin er als Hauptgewinn der opfer- und siegreichen Kämpfe die für die deutsche Jugend neu eröffnete Möglichkeit hinstellte, nunmehr in aller Ruhe Philosophie zu studiren.

Und nach dieser Anleitung hat denn auch in der That Jung und Alt seither studirt — „Philosophie, Juristerei und Medicin, und leider auch Theologie". Von dieser letzteren wenigstens kann man wahrlich nicht sagen, daß ihr die Treibhausluft, in welcher sie methodisch von allem frischen Luftzuge abgeschlossen gehalten wurde, gut bekommen sei. Die schweren Schäden, an welchen dermalen unser kirchliches Leben krankt, führen sich zum größten Theile auf die völlige Verschiedenheit der Atmosphäre zurück, welche ein künftiger Diener der Kirche in den theologischen Hörsälen einathmet, und der wirklichen Welt, in der er nachher nicht blos leben und auskommen soll, in die er vielmehr auch wirkend und handelnd eingreifen will, „die Leute zu bessern und zu bekehren". Thatsächlich hat die protestantische Theologie in den zwei Menschenaltern seit den Befreiungskriegen nur allzu oft irreführend und verwirrend auf unser Volksbewußtsein eingewirkt, und liegt die Zeit nicht mehr fern, wo sie von den Staatsmännern allgemein als eine Verlegenheit wird empfunden werden. Hat man sie dies doch, inconsequent genug, hier und da einmal selbst mitten in den Zeiten ihrer Triumphe empfinden lassen! Im Uebrigen wußte man aber Theologen, „welche nicht beißen", hier von den bissigen, also Berücksichtigung verdienenden, dort zu unterscheiden. Und so ist denn der Ertrag des Reactionsfiebers einzig und allein dem römischen Katholizismus zu Gute gekommen, welcher sein während der Revolutionsstürme in allen Fugen krachendes Kirchengebäude jetzt wieder nach unten zu stärken, ja sogar auch nach oben auszubauen unternehmen konnte, indem er sein sichtbares Oberhaupt für den unfehlbaren Mund Gottes erklärte. Wir dürfen kühn behaupten, was unser Jahrhundert in dieser Richtung erlebt hat, ist von einer solchen Tragweite, so überraschend und enorm, daß kein Prophet aus dem Zeitalter Voltaire's und Rousseau's oder auch Lessing's und Herder's es irgend vorauszusehen oder auch nur zu ahnen im Stande gewesen wäre. Hat es doch in unserer eigenen Mitte und bis fast auf die letzten Tage herab an gedankenlosen Thoren nicht gefehlt, die Das, was sie bereits mit Händen greifen konnten, fortwährend als unwirklich, als phantastische Ausgeburten des Gehirns der Angstmacher und Schwarzseher behandelten! „Nein — so hörte man diese Sorglosen beständig declamiren — es ist nichts zu befürchten! Die Pfaffen werden nicht mehr gefährlich! Sie sind für alle Zeiten zu Bedienten unserer Staatsweisheit geworden! Wollten sie es je versuchen, nach eigenen Heften zu lesen und selbstständige Zwecke zu verfolgen, so bedürfte es nur eines leichten Druckes an der Staatsmaschine, um ihnen jeglichen Einfluß auf die Bevölkerung zu entziehen und ihre Macht lahm zu legen. Wie sie nur von der Gnade der Regierung leben, so werden sie unter Umständen sterben und in Nichts vergehen vor einem zornigen Blick des Staates."

So hat ein großer Theil der öffentlichen Meinung, ja selbst gar nicht wenige jener vielen leitenden Staatsmänner, die seit 1814 ein halbes Jahrhundert lang die deutsche Politik nach innen und nach außen besorgten, auf die von Jahr zu Jahr imponirender auftretenden Ansprüche der römischen Curie und des bald nur noch ganz in ihrem Dienste arbeitenden Episkopates geantwortet. Und dieser fast blödsinnig zu nennenden Harmlosigkeit der Anschauung entsprach ganz der Aufwand der rettenden Thaten, zu dem man sich erhob, wenn in den angenehmen Traum der Sorglosen einmal unliebsame Ahnungen hereinschwankten, als könne die Klerisei doch demnächst vielleicht zu dreist werden, oder als sei sie es in einem betreffenden Falle wirklich schon geworden. Da trat an die Stelle der herkömmlichen halbwachen Faulheit plötzlich ein blind zuschlagender Eifer; die Geißel wurde geschwungen und mit kräftigen Ausdrücken nach irgend einer Seite hin geschlagen — ohne Erfolg und vor Allem ohne nachhaltige Kraft. Es hat neulich der deutsche Reichskanzler die sehr zeitgemäße Losung ausgegeben: „Wir gehen nicht nach Canossa!" Wo liegt Canossa? Etwa acht Jahrhunderte rückwärts von heute? Nein, wir haben die Sache ganz in der Nähe. Das neunzehnte Jahrhundert kennt mehr als ein Canossa. Da wurde z. B. ein Erzbischof, der sich mit großer Gelassenheit seiner dem Staat gegenüber übernommenen Verpflichtungen selbst ledig sprach, plötzlich aufgegriffen und zum Entsetzen aller Katholiken des Rheinlandes auf die Festung abgeführt, um vier Jahre nachher eine denkbar höchste Genugthuung zu empfangen, von jedem Verdachte politischer Umtriebe freigesprochen und ehrenvollst auf freien Fuß gesetzt zu werden. Das war Canossa und wirkte ganz wie Canossa. Nach jedem solchen verunglückten Versuche des Staates, sich der Kirche gegenüber auf seine eigene Mission zu besinnen, die eigene Würde geltend zu machen, folgten dann regelmäßig und gleichsam zur Strafe erhöhte Ansprüche kirchlicher, ihnen entsprechend weiter gehende Zugeständnisse staatlicher Seits. Die beispiellose Reihe von Siegen, welche die römische Curie kraft der Consequenz ihrer Behauptungen und ihres praktischen Vorgehens seit Wiederherstellung des Jesuitenordens im Jahr 1814 bis zur Unfehlbarkeitserklärung im Jahr 1870 erlebt hatte, steigerten das Selbstbewußtsein ihrer Vertreter auf eine geradezu schwindelhafte Höhe. Fortwährend wurde den protestantisch-paritätischen Staaten Deutschlands vordemonstrirt, daß sie die katholische Kirche principiell verfolgten, und da diese Regierungen bezüglich solcher, ihnen schuld gegebener Tendenzen nicht blos wirklich unschuldig wie Kinder waren, sondern auch vor dem bloßen Schein und Gerücht der Intoleranz die äußerste Angst hegten, mußten sie ihr angezweifeltes Wohlwollen gegenüber der katholischen Kirche in der Regel nicht anders als so zu bethätigen, daß sie unzweifelhafte Rechte des Staates preisgaben. Die Folgen waren leicht zu berechnen. Verächtlicher und souveräner hat noch niemals die Kirche auf das europäische, insbesondere deutsche Staatsleben herabgesehen, als seit den Tagen des Wiener Congresses und wieder in den auf 1848 folgenden Jahren. Der Anblick würde fast komisch wirken, wenn die Sache selbst nicht so tragisch wäre. Man band den Staatsregierungen Hände und Füße, man schnürte sie mit Concordaten, Conventionen, Bullen und Breven und versicherte dabei die also Behandelten, es geschehe nur in ihrem eigenen Interesse; man schickte den paritätischen, ganz vom Interesse der confessionellen Toleranz lebenden Staaten die Jesuiten als innere Missionäre in's Gehege, regte allenthalben das confessionelle Sonderbewußtsein wieder auf und behauptete, Fürsten und Völker müßten sich dafür noch bedanken; man wiederholte unaufhörlich, der Gehorsam gegen den Papst sei die göttlich gestiftete, ja die einzige und ausschließliche Schule des Gehorsams, und rief Wehe über Jeden, der das bezweifeln wollte; man machte dreist davon auch die Anwendung auf solche Personen, welche im Conflictsfalle neben dem kirchlichen Gehorsam den Gehorsam gegen das Staatsgesetz hintangesetzt hatten, und verlangte vom Staat, er solle das einsehen und sich danach richten, widrigenfalls der Zorn der heiligen Apostel Petrus und Paulus ihn treffen möge; man setzte die Lehrer der Theologie ab oder legte kraft kirchenregimentlichen Bannes ihre Wirksamkeit lahm, wenn sie in den zukünftigen Priestern das Prinzip des selbstständigen Denkens zu erhalten bemüht waren und in ihren Zöglingen Menschen sahen, deren jeder ein eigenes Gewissen hat; man reclamirte bei Gelegenheit eines Conflictes diese mehr deutsch als römisch gesinnten Theologen mehrfach für den Groll und die Rache der Kurie;*) man ließ die jungen Geistlichen dafür von Professoren erziehen, die zwar der Staat gleichfalls bezahlen mußte, während sie freilich nur dafür Sorge trugen, daß der modern katholische Klerus nicht blos Staatsbewußtsein und Vaterlandsliebe, sondern selbst Vernunft und Gewissen als Mächte betrachtete, die lediglich außerhalb des Menschen gelegen sind, von deren Forderungen er nur von außen her erfährt, wie man die Tagesneuigkeiten erfährt. Freilich nicht aus

---

*) Fraglos hätte jeder gesunde Instinkt auf Seiten des Staats Förderung derjenigen Theologen verlangt, welche an katholischen Facultäten die heranwachsende Jugend des Klerus dem Alles überwuchernden Gifte des Jesuitismus zu entziehen willens und geeignet waren. Je weniger man selbst etwas dafür gethan hatte, derartige akademische Lehrer zu erziehen, desto dankbarer hätte man die Gunst des Schicksals anerkennen und benutzen müssen, welche es da und dort noch an solchen nicht fehlen ließ. Zu ihnen gehörte unter Anderen Johann Baptist Baltzer, Domcapitular in Breslau. Sein Schicksal ist typisch. Sobald die Jesuiten merken, daß er ihnen zuwider ist, fangen sie an, ihn bei Collegen und Studenten systematisch zu untergraben. Der Fürstbischof Förster gibt ihm noch aus liebevollem Herzen den Rath, sich zurückzuziehen vom Lehramt, und besorgt ihm von Rom zwei Briefe Antonelli's, die eben dahin lauten. Als sich sein Ehrgefühl gegen die heuchlerische Zumuthung sträubt, wird ihm gesagt: „der Götze, dem du opferst und den du Ehre nennst, ist dein Ich, dein Hochmuth!" Jetzt ruft Baltzer den Schutz des preußischen Staates an, der ihn angestellt hatte, der die unzweifelhaften Erfolge, von denen seine Lehrthätigkeit begleitet war, kennen mußte. Leider war das Cultusministerium in den Händen der Raumer, der Bethmann-Hollweg, der Mühler, von denen in dieser Sache immer einer unbegreiflicher handelte, als der andere. Man nöthigte Baltzer zum Gehorsam gegen die bischöfliche Anordnung, man untersagte ihm die Vorlesungen; dann, als er nothgedrungen nicht mehr fungirte, erklärte man, „habe er freiwillig auf den Inhalt seines Amtes verzichtet, so müsse er jetzt auch auf dieses selbst resigniren, widrigenfalls der Minister genöthigt sein würde, die Entlassung des 2c. Baltzer von seinem Amte im gesetzlichen Wege herbeizuführen." Jetzt wird sein früher ansehnlicher Gehalt auf 400 Thlr. herabgesetzt, um ihn durch Hunger zu curiren. Endlich naht die bekannte Katastrophe in Berlin, und Mühler selbst sieht sich kurz vor seinem Fall genöthigt, den schwer gekränkten Mann zu restituiren, der freilich diesen letzten Sonnenblick, der auf sein von Alter und Gram gebeugtes Haupt fiel, nur um wenige Monate überleben sollte. Vgl. Friedberg: Joh. Baptist Baltzer. Ein Beitrag zur neuesten Geschichte des Verhältnisses zwischen Staat und Kirche in Preußen, 1872.

den profanen Zeitungen sollte der zukünftige Klerus solches Wissen schöpfen, sondern von Denen, die das Monopol der religiösen Wahrheit zu besitzen vorgaben und allen Import sonstiger Wahrheiten und Wirklichkeiten des Lebens in jene „Spelunken der Unwissenheit und Heuchelei", welche man da und dort Priesterseminare nennt, unmöglich machten. Für diese Entleerung an innerstem persönlichen Gehalt und selbstständiger Würde entschädigte man diese Geistlichkeit mit jenem das Maß des Menschlichen übersteigenden Hochgefühl kirchlicher Machtvollkommenheit und absoluter Ueberlegenheit über alle sonstigen Factoren, die das Leben mitbedingen. So wuchs ein Klerus heran, dessen Porträt von dem oben gezeichneten Bilde das gerade Gegentheil darstellte — ein Klerus, der sich an Vaterland, Staat und Gesellschaft entweder gar nicht oder nur in sehr bedingter Weise gebunden weiß, der jedes neue Gesetz erst darauf ansieht, ob er sich zu dessen Befolgung etwa herbeilassen wolle oder lieber nicht, dagegen ein unbedingtes Bewußtsein von seiner römischen Dienstpflicht hat. Und neben diesen regulären Truppen, davon auch im kleinsten Dorfe wenigstens Ein Mann in der Person des Pfarrers Wachtdienste leisten kann, neben diesem in Reih und Glied kämpfenden Militär, durch dessen Linie die in Rom ausgegebene Parole hinläuft, erblühen in reicher Fülle, von hochadeligen und hochfürstlichen Händen gepflegt, die frommen Brüder- und Schwesterschaften, die Mönchsklöster und Nonnenklöster, die ultramontanen Vereine und die römische Presse — kurz es erwächst eine Macht, mit deren großartiger Gliederung und erfolgreichem Auftreten, wie schon Luther singt, nichts mehr auf Erden verglichen werden kann, und deren Ansprüche schlechterdings dämonisch genannt zu werden verdienen. Wer sich je bemüht hat, Geist und Geschichte des Romanismus zu studiren, der weiß, daß er es mit einer Institution zu thun hat, welche, jeder vernünftigen Entwickelung unfähig, eher die ganze christliche Menschheit der Barbarei preiszugeben, ja sie zu vernichten vorziehen würde, als auch nur die geringste Einbuße an ihren weltlichen Interessen und Herrschergelüsten zu erleiden.

Wo war diese unheimliche Macht in der ersten Hälfte unseres Zeitraums? Sie war in einem Zersetzungsprozesse begriffen, der unabwendbare Auflösung in Aussicht zu stellen schien. Warum ist das Gegentheil davon eingetreten? Weil die Kirche zu rechter Zeit das Zauberwort sprach: „Ich allein nehme es mit der Revolution auf," und weil die Mächtigen und die Ohnmächtigen, die Klugen und die Albernen unter den Menschen an dieses Universalmittel hartnäckig und ausdauernd glaubten, bis endlich das Uebermaß des schwindelhaften Hochmuthes zuerst hier und da im Süden, dann mit dem erwachenden Interesse für die nationale Aufgabe auch im Norden Deutschlands, und damit an allein entscheidender Stelle, einen Umschwung erfreulichster Art herbeiführte. Aber bis die Fehler eines halben Jahrhunderts rückgängig gemacht sind — wer will die Zeit ermessen, die dafür selbst im besten Falle, d. h. selbst dann, wenn von Seiten des Staates correkte und stetige Politik auf Generationen hinaus streng eingehalten werden sollte, erforderlich sein wird? Haben wir einiges Recht, uns in dieser Beziehung guten Hoffnungen hinzugeben? Ich glaube ja. Nicht als ob ich im Mindesten daran zweifelte, daß hier und da Anwandlungen von Schwachseligkeit und Friedensbedürfniß auf unserer Seite recht unliebsam sich einstellen könnten. Aber die Gegner können schwerlich mehr zurück. Nachdem man solche Karten ausgespielt hat, wagt man Alles. Es wird so fortgehen, daß der schlechthin unmeßbare Machtschwindel der Bischöfe das Beste thut, wie bekanntlich schon bis dahin ihre eisenstirnigen Hirtenbriefe und der gallige Rededrang des heiligen Vaters jeweils das Beste gethan haben.

Und was hoffen wir für unsere eigene Kirche? Ich habe bisher von der kirchlichen Entwickelung auf evangelisch=protestantischem Boden nur gesagt, daß sie das Echo jener Wellenschläge darstelle, welche das gleichzeitige Leben der katholischen Kirche zu einem so bewegten und gegensatzvollen machen sollten. In der That besteht hierin fast das ganze Geheimniß der neueren protestantischen Kirchengeschichte. Wo und wann auf katholischem Gebiete der Jesuitismus und Ultramontanismus Oberwasser haben, da protestantischerseits die Hochkirchlichkeit, der Dogmatismus, die

Orthodoxie; wo und wann der Wind umschlägt, der die Segel der Römlinge schwellt, da fühlt sich bei allem relativen Gegensatze gegen sie doch sofort auch die rückläufige protestantische Theologie und Kirchenthümelei in ihren Ansprüchen bedroht, in ihrem Bestande unsicher. Die Versuchung stellt sich ein, für die eigene, auf so schwächliche Grundlagen gebaute Existenz einen Rückhalt an den solider aufgeführten Mauern der Schwesterkirche zu suchen, die dem kleineren Anbau bisher zugleich als Wände dienten. Im richtigen Gefühl dieser so prekären Wohnungsverhältnisse hat ein Oberhaupt des gegenwärtigen confessionellen Lutherthums davor gewarnt, am Katholizismus irgend zu rütteln; denn kein Stück Katholizismus könne fallen, ohne daß auch ein Stück Christenthum fällt. Er hätte sagen sollen: ein Stück des protestantischen Dogmatismus und Hochkirchenthums. Die allgemeinen Lebensbedingungen sind für beide gleichlaufende Richtungen durchaus dieselben, und wo der einen der Athem ausgeht, da kann auch die andere auf die Dauer nicht bestehen. Der Gegensatz, in welchen das neue deutsche Reich zum römischen Kirchenthum gerathen ist, muß daher mit geschichtlicher, man könnte fast sagen mit physischer und mechanischer Nothwendigkeit schließlich der freien, ihres Ursprungs eingedenken und ihres Namens würdigen Richtung innerhalb der protestantischen Theologie zu Gute kommen. Die Wendungen, welche seit zwei Jahren in der obersten Leitung des preußischen Cultus- und Kirchenwesens eingetreten sind, lassen in der That keine andere Deutung zu.

Sind wir aber sonach für die Zukunft nicht ohne Hoffnung, so scheint es doch, als wüßten wir bezüglich der Vergangenheit nur wenig Trostvolles zu sagen. Was war denn das Ergebniß unseres Rückblickes auf die Zustände und Bewegungen innerhalb des protestantisch-kirchlichen Bewußtseins, wie es sich in den letzten hundert Jahren gestaltet hat? Zuerst Aufklärung und Licht ohne Wärme und religiöse Ursprünglichkeit. Dann religiöse Vertiefung und kirchlicher Eifer ohne die Controle der Vernunft, ja vielfach im erklärten Krieg nicht blos mit den unbestreitbarsten Resultaten unserer Natur- und Geschichtswissenschaften, sondern mit dem einfachen Wahrheitssinn, ja sogar mit dem sittlichen Bewußtsein unseres Volkes. Also lediglich Wellenbewegung und Gegenschlag — ohne Resultat und Frucht? Nein! dem ist doch wohl nicht so. Der Anprall der Geister, der Kampf der Gegensätze ist auch hier kein vergeblicher gewesen. Das große, die Natur- und Geisteswelt gleichmäßig beherrschende Gesetz von der Erhaltung der Kraft hat sich auch hier bewährt, und so gut aus der Reibung und Bewegung Wärme, und aus der Wärme wieder neues Regen und Bewegen kommt, so sicher hat der beschriebene Wechsel von Stoß und Gegenstoß geistiger Factoren auch seine Erträgnisse aufzuweisen. Und zwar sind dies Producte, wie sie der Höhe des neunzehnten Jahrhunderts würdig sind und auf keiner früheren Stufe der geschichtlichen Entwicklung auch nur möglich erscheinen. Bezeichnender Weise ist es gerade die Grenzlinie der beschriebenen gegensätzlichen Hälften unseres Jahrhunderts, es ist gleichsam die Wasserscheide zwischen den nach der einen und nach der andern Richtung niedersteigenden Fluthen, wo diese dauernden und bleibenden Erträgnisse der ganzen Bewegung sich zuerst ankündigen und dem Auge sichtbar werden.

Ich nenne als eine solche reife Frucht protestantisch-kirchlicher Bestrebungen auf dem praktischen Gebiete die Union der beiden evangelischen Sonderkirchen, wie sie, dem Gedanken nach schon längst bestehend, sich auch factisch seit 1817 in manchen deutschen Landeskirchen vollzogen hat, wie sie in anderen, auch wo ihrem kirchenrechtlichen Vollzuge Schwierigkeiten entgegentraten, doch zur innerlich unbestreitbaren Thatsache geworden ist. In der That hat es heute, nachdem auf religiösem Gebiete Gegensätze aufgetaucht und in den Vordergrund getreten sind, welche das Maß des alten lutherisch-reformirten Unterschieds weit überragen, lediglich keinen Sinn mehr, wenn dieser Unterschied von der theologischen Caprice festgehalten werden will. Die rückläufige Strömung hat allerdings wieder eine Menge von Theologen erzeugt, welche ganz von diesem Unterschiede, den sie zum Gegensatze aufschrauben, leben, ja sie beherrschen dermalen eine große Anzahl von Lehrstellen und Kirchenbehörden. Aber wenn es auch Niemand verwehrt werden kann, sein Leben im Dienste knabenhafter Schrullen zu vergeuden, so liegt doch eine solche Zurückführung aller religiösen Interessen

auf die äußersten Spitzen der inneren evangelischen Sonder=
lehren nirgends im gesunden Trieb des Gemeindelebens, und die
Mächte, welche gar unser öffentliches, unser politisches, litera=
risches, künstlerisches Leben beherrschen, zeigen wohl noch für die
Interessen der Religion selbst, des Christenthums, des Protestan=
tismus Sinn und Geschmack, nicht im Mindesten aber für den Ge=
schäftsbetrieb der „Firma Kliefoth, Harleß, Luthardt und
Compagnie".*)

Aber der Gedanke der Union hätte nimmermehr im Bewußt=
sein der Zeit eine so breite Unterlage finden können, wenn nicht
vorher schon ein tiefgreifender Umschwung in der theoretischen
Erfassung des Wesens der Religion, des Christenthums und des
Protestantismus selbst vor sich gegangen wäre; wenn nicht ein
redliches Stück theologischer Arbeit endlich zu der platzgreifenden
Ueberzeugung geführt hätte, daß die christliche Dogmatik nicht das
Christenthum selbst, und daß vor Allem das protestantische Chri=
stenthum weder die lutherische noch die reformirte Dogmatik sei.
Der im Symbol verhärtete Confessionalismus mußte erst in seinem
dogmatischen Kerne selbst aufgeweicht sein, ehe der Gedanke
der Union möglich wurde. Wer dagegen den Kern auch des
protestantischen Christenthums im Dogma sucht, der muß noth=
wendigerweise zu einer Weltanschauung gedrängt werden, die
wieder das Gepräge, sei es des lutherischen, sei es des reformir=
ten Lehrgebäudes trägt. In der That und Wahrheit aber ist
das Dogma überhaupt nicht mehr das Element, darin sich das
evangelisch=protestantische Gesammtbewußtsein der Gegenwart be=
wegt. Die Union insonderheit beruht schon in ihrem eigenen
Bestande nicht etwa blos auf der Abschwächung der innerevange=
lischen Gegensätze des Dogmas, sondern auf grundsatzmäßiger Zu=
rückstellung des dogmatischen Prinzips überhaupt. Sie leitet direkt
über zu einer Kirche, welche das religiöse Volksbewußtsein mit
der vielverzweigten geistigen Bewegung der Wissenschaft und des
öffentlichen Lebens in dauerndem Zusammenhange zu erhalten ver=

---

*) Lipsius in den „Verhandlungen des sechsten deutschen Protestanten=
tages zu Osnabrück", S. 81.

steht und nicht in Gefahr ist, durch jedes Theologengezänk in ihren Fundamenten erschüttert zu werden; also zu der wahren deutschen Volkskirche, zu der Kirche unserer nationalen Zukunft, zu welcher katholischerseits auch der Altkatholizismus einen ersten Beitrag zu liefern versucht.

Es erhellt somit, daß das besprochene Ereigniß auf dem praktischen Gebiete des kirchlichen Lebens zu seiner Kehrseite ein theoretisches Datum von gleich Epoche machender Bedeutung haben wird, daß es mit andern Worten einen großartigen Umschwung innerhalb der Theologie bedeutet. Dieser Umschwung in der theoretischen Beurtheilung von Religion und Christenthum, von Dogmatik und Symbol knüpft sich bekanntlich an den Namen Friedrich Schleiermacher. Ein knapp gehaltenes Bild dieses Typus moderner Religiosität dürfte hier an der Stelle sein. Später gleich ausgezeichnet als Schriftsteller wie als Redner, und letzteres wieder auf der Kanzel so gut wie auf dem Katheder, wo er über fast alle Fächer der Theologie und der Philosophie vortrug, wurzelte Schleiermacher durch Geburt und Jugenderziehung in der innigen, aber pietistisch beschränkten Frömmigkeit der Brüdergemeinde. Jedoch hatten ihn ausgebreitete Studien philologischer und philosophischer Art frühe mit allen Instanzen vertraut gemacht, die Weltweisheit, Skepticismus und Aufklärung gegen das positive Christenthum aufgestellt hatten; insonderheit aber war es die genaue Erforschung der Werke Plato's und Kant's, nicht minder die Bekanntschaft mit Spinoza, Fichte und Schelling, was ihn zu einer kernhaften, die bisherigen Gegensätze von Rationalismus und Supernaturalismus überbietenden Anschauung vom Wesen der Religion förderte, zumal er selbst seinen religiösen Genius auch in den Tagen des kühnsten Zweifels nie verläugnete und, gleichviel wie sich die theoretische Frage des Gottesbegriffes in ihm gestalten mochte, doch ein Leben ohne Religion und Glauben, ohne christliche Gemeinschaft und Kirche für nichtig und inhaltsleer schätzte. Es war gerade um die Wende der Jahrhunderte, als Schleiermacher zuerst vor die Nation trat in den beiden eng zusammengehörigen Schriften „Reden über die Religion" und „Monologen". Beide tragen nicht blos die Grundzüge seiner eigenen Individualität, sondern auch das Gepräge jener Zeit, die sich so mächtig für Selbstbeschauung und Vertiefung in den innersten Gefühlsgrund enthusiasmirte. Es ist der Idealismus Fichte's auf seiner Spitze, wenn die „Monologen" in der Sprache des stolzesten Selbstgefühls den, jenem Geschlecht wie ein leuchtendes Gestirn aufgegangenen Begriff der Individualität feiern und ein souveränes Bewußtsein proclamiren, welchem die ganze menschliche Natur als das eigene, vervielfältigte, deutlicher ausgezeichnete und in allen seinen kleinsten und vorübergehendsten Veränderungen gleichsam verewigte Ich, die ganze Welt der Stoffe aber nur als vergrößerter Leib desselben gelten und lediglich dazu dienen muß, die eigensten Zwecke zu erreichen, während es sich jeder Einwirkung von außen kühn entgegenstellt, jeder Abhängigkeit entschlägt. Die Voraussetzung so stolzen Selbstgefühles bildet freilich die noch halb romantisch, halb spinozistisch gefaßte Annahme einer unmittelbaren Einheit des kräftig und gesund fühlenden Individuums mit dem allgemeinen Leben. Der Vollzug dieser Vereinigung findet im Gefühle statt. Dieser Gedanke eben bildet das Thema, dem die „Reden über die Religion" gewidmet sind. Diese haben jedenfalls zuerst wieder ein ideelles Bild der Religion gezeichnet, welchem abgestreift war, was Staat, Wissenschaft, Priesterthum, Unduldsamkeit, Streitsucht und die sinnliche Vorstellungsweise des Volkes ihr Falsches, Beschränktes und Unwesentliches angehängt hatten. Hier zuerst wurde den Zeitgenossen wieder kräftiger zu Gemüthe geführt, wie unvermeidlich trotz aller möglichen Verunstaltung die religiösen Berührungen selbst mit dem Dasein verbunden sind. Nur darauf kommt es dem Verfasser an, sich und andern das ewige Feuer der Religion selbst wach zu erhalten und gleichsam die Wärmeempfindung in dieser Beziehung zu schärfen. Ihm verdanken wir es daher zumeist, wenn man in der Kirche des neunzehnten Jahrhunderts — und dies gilt zum Theil sogar von den im Uebrigen verstocktesten theologischen Fractionen — zu unterscheiden weiß zwischen Religion und Dogma. Nachdem einmal Kant die Unfähigkeit der Vernunft, Uebersinnliches zu erkennen, ausgesprochen hatte, und damit aller bisherigen Theologie, der s. g. natürlichen so gut, wie der übernatürlichen, das Geschäft gleichsam gelegt war, mußten schlechterdings neue Wege beschritten werden, wenn die Religion überhaupt noch für ein wissenschaftliches Erkennen ein Gegenstand bleiben sollte. So kam Schleiermacher dazu, die Religion, welche für die alten, der „reinen Lehre" huldigenden Theologen ein Gegenstand des Erkennens, für den auf sie folgenden, durchaus moralisch gestimmten Rationalismus ein Beweggrund des Willens und eine Norm des Thuns gewesen war, vielmehr in die tiefer gelegenen, aber auch dunkleren Regionen des Gefühls zu verlegen, welches allein unser und der Gottheit gemeinsames Leben ausdrücke. So wurden die Quellen der Religion, welche die Philister der Aufklärung zugeschüttet hatten, wieder aufgegraben; sie selbst wurde einem wesentlich romantisch gestimmten Zeitalter nahe gebracht als Empfindung und Geschmack für das Unendliche, als Virtuosität durch alle Hüllen und Schleier des endlichen Seins hindurch die Schläge des göttlichen Herzens zu empfinden und eine warme Fühlung damit zu erhalten. In dieser Richtung sollte sie, die im Bewußtsein des Zeitalters fast alle greifbare Bedeutung verloren hatte, auf's Neue als ein wesentliches Element gerade des höchsten geistigen Lebens nachgewiesen, es sollte den Menschen zu Gemüthe geführt werden, daß ihr inneres Leben aller Weihe, ihre Weltanschauung des letzten Abschlusses, ihr Denken und Wollen der tiefsten Einheit entbehre, falls sie für die Religion das Verständniß verloren hätten. Nachdem Schleiermacher so in seinen „Reden über die Religion" diese schönste Blüthe des menschenwürdigen Daseins wieder zur Geltung gebracht hatte, ging er zwanzig Jahre später (1821) daran, von den gewonnenen allgemeinen Grundsätzen die Anwendung auf das geschichtliche Christenthum zu machen, in ihm die höchste Erscheinung des Wesens der Religion, im Bewußtsein seines Stifters den Ort nachzuweisen, wo das menschheitliche Gottesbewußtsein sich vollendet, aus dem es seine für alle Zeiten ausreichende Nahrung gezogen hat. Man sieht aber leicht ein, daß die Dogmatik auf dieser Grundlage einer totalen Umarbeitung entgegengeführt, daß die Werthung des Dogmas selbst eine durchaus neue werden mußte. Ist das Dogma nicht wissenschaftliche Feststellung irgend eines natürlich erworbenen oder übernatürlich mitgetheilten Wissens, entspricht es vielmehr der Aussage eines Gefühls, ist es so zu sagen nur ein Name für den Naturlaut, der dem Resonanzboden der Seele entschwebt, wenn die Hand Gottes ihre Saiten anschlägt: dann ist dieses Dogma eben nur noch ein Symbol, damit gleichgestimmte Gemüther sich die Selbigkeit ihrer religiösen Erfahrung andeuten; sein wissenschaftlicher Werth aber fällt keineswegs zusammen mit dieser seiner religiösen Bedeutung. Nirgends auf religiösem Gebiete lassen sich dann Aussagen über göttliche Dinge antreffen, die man als gleichwerthig mit metaphysischen, mathematischen, physikalischen und historischen Dingen behandeln könnte. Damit erst ist, wie man sieht, ein Weg gebahnt, um die religiöse Wahrheit des Christenthums unabhängig zu stellen von dem übrigen Wissensstreit, und ein eigentlicher Conflict zwischen Natur- und Geschichtswissenschaft einerseits und der Dogmatik andererseits wird zur Unmöglichkeit. Verwerfung einer bestimmten Formel über Gott und göttliche Dinge kann jetzt nicht mehr länger Unglaube an das Göttliche und Religionsverachtung heißen. Die Wissenschaft mag ganz Recht haben, wenn sie mit chemischen Mitteln den geringen Goldgehalt eines bisher in Bezug auf seinen Metallwerth überschätzten Ringes nachweist. Davon wird der Affectionswerth dieses Ringes für die Person, die weiß, was er bedeutet, nicht alterirt. In dieser Richtung etwa müßte die aus der Lessing'schen Aufklärung stammende Ringparabel fortgeführt werden, um der Denkweise jener spätern Zeit, aus welcher Schleiermacher's Religionsbegriff stammt, mundgerecht und handlich zu erscheinen. Jedenfalls hat Schleiermacher damit Lessing's Werk in der Richtung fortgeführt, daß er die nicht blos sittliche, sondern auch logische Nothwendigkeit der Toleranz betonte und diese neue Erkenntniß, anstatt damit dem Indifferentismus zu dienen, vielmehr gerade mit dem neugeweckten Interesse an der Welt des Glaubens zu verbinden wußte. Wie für den naturwissenschaftlichen Forscher nicht die eine oder die andere Formel, nicht ein Buch oder ein System über die Natur, sondern die Natur selbst der Gegenstand, die Formel dagegen der den Bedürfnissen des Augenblicks Genüge leistende, aber in steter Veränderung begriffene Ausdruck für die erlangte Kenntniß ist, so ist auch das Dogma in der Religion nicht sowohl der Gegenstand des Glaubens, als vielmehr der Ausdruck Dessen, was des Menschen religiöser Geist von Gottesahnungen umschließt. Bekenntnisse aber und Symbole sind dann nicht mehr überlieferte Lehrsätze und Behauptungen auf dem Boden äußerer Geschichtlichkeit, zu welchen wir Ja sagen sollen, sondern Zeugnisse von den großen Thatsachen religiöser Erfahrungen, die sich im fortschreitenden Leben der Gemeinde vollzogen haben und im innern Glaubensleben der einzelnen Christen individuell erneuern und wiederholen. Unmöglich aber läßt sich irgend welche bestimmte Summe von äußeren Geschichtsthatsachen für die unerläßliche Voraussetzung ausgeben, ohne welche jene inneren Thatsachen des frommen Gemüthslebens überhaupt nicht zu Stande kommen könnten. Unmöglich läßt sich die Sprache, in der wir uns Rechenschaft geben über die Art, wie sich der Menschengeist vom göttlichen Geiste berührt und getroffen fühlt, an irgend welchen vorübergehenden Stand unserer physikalischen oder geschichtlichen Kenntnisse knüpfen. Vielmehr besitzt eben darum, weil dieser Besitzstand einer steten Veränderung unterliegt, jedes Geschlecht auch für die Gegenstände seiner religiösen Erfahrungen seine eigene Sprache — eine Anschauung, die schon bei Schleiermacher dazu geführt hat, die Dogmatik aus dem Bereiche der systematischen Wissenschaften in denjenigen der historischen zu versetzen. Nicht blos das Gebiet der Glaubenslehre ist somit ein anderes geworden, indem Schleiermacher sie als Entfaltung des christlichen Bewußtseins behandelte, sondern auch die Methode. Was sich, wie jenes Bewußtsein, allmälig und fortschreitend entfaltet, verträgt eben nur eine historische Darlegung. Wie er in den „Reden über die Religion" das ungemünzte, echte Metall der Religion unterscheiden lehrte von den ausgeprägten Münzsorten, den dogmatischen Systemen, welche im täglichen Verkehr vorkommen, so hätte er auch grundsätzlich nichts dagegen einzuwenden gehabt, wenn die von ihm selbst in Umlauf gesetzten Formulirungen des Glaubensbestandes schon im Verlaufe des nächsten Menschenalters von seinen eigenen Anhängern nicht mehr ausreichend befunden worden sind.

Nur Das hätte er schwerlich geahnt, daß seine eigene Theologie zunächst den Haken abgeben sollte, daran der heilige Rock derselben „reinen Dogmatik", die schon seine Glaubenslehre für durch und durch veraltet und fadenscheinig geworden erklärt hatte, abermals aufgehängt und zur Verehrung der Gläubigen ausgestellt werden sollte. Und doch ist es zunächst so gekommen!

Der theologische Prozeß, der sich in so verhängnißvoller Richtung vollziehen sollte, knüpft zunächst an an den nunmehr in Berlin sich herausstellenden Gegensatz zwischen Schleiermacher, welcher die Religion vielleicht mehr als billig wie eine Sache für sich auffaßte und bei der Erhebung der im unmittelbaren Gottesgefühl beschlossenen Schätze jede Betheiligung der Philosophie ablehnte, und Hegel, welcher sich im Namen der letzteren eine solche Ausschließlichkeit nicht gefallen lassen wollte und die Dogmatik philosophisch zurechtzulegen und zu bearbeiten begann, in dem aufrichtigen Glauben, die Philosophie habe dasselbe in der höheren Form des Begriffes, was die Religion nur in der untergeordneten Form der Vorstellung besitze; für alle Denkfähigen sei es daher strenge Nothwendigkeit, von der Vorstellung zum Begriffe fortzuschreiten oder, wie dann Strauß feindseliger, aber deutlicher sagte, aus der Gemeinde der Gläubigen in diejenige der Wissenden überzutreten.

Es dauerte freilich einige Zeit, bis diese verneinenden Consequenzen im ferneren Verlaufe der neuen Religionsphilosophie an das Tageslicht traten. Zunächst wußten nach Anleitung des allem „seichten" Fortschritt gründlich abholden Hegel Theologen wie Daub und Marheineke sich mit dem kirchlichen Glauben an Trinität und Menschwerdung, überhaupt gerade mit denjenigen Dogmen, welche nicht blos die Aufklärung, sondern auch Schleiermacher zurückgestellt hatte, in das vortrefflichste Einvernehmen zu setzen, und der Jurist Göschel verstand es, aus den Werken des Meisters die lutherische Rechtgläubigkeit in Bausch und Bogen herauszulesen. Der Friede zwischen Theologie und Philosophie schien vollkommen und für immer hergestellt, Glauben und Wissen schienen versöhnt. In Berlin wurde die ewige Verlobung beider von den Kathedern herab proclamirt. Aber nur allzubald sollte sich die Täuschung offenbaren. Obwohl die Philosophie Hegel's das Christenthum als die absolute Religion gelten ließ, die auf ihren Begriff zurückgeführt die Vollendung des göttlichen Selbstbewußtseins in der Menschheit, die Versöhnung aller höchsten und letzten Gegensätze bedeute, so trug sie doch, was freilich die rechte Seite der Schule der linken lange bestritt, ein wesentlich pantheistisches Gepräge. Hatte sich so der erste Streit entsponnen um die Bedeutung der Persönlichkeit sowohl Gottes als des Menschen, so that sich bald ein noch klaffenderer Gegensatz bezüglich jenes Punktes auf, wo das Bewußtsein um diese Einheit von Gottheit und Menschheit historisch geworden sein sollte. Es war ein schwäbischer Theologe, Jünger sowohl Hegel's als Schleiermacher's, dann im Tübinger Stift von Baur geschult, David Friedrich Strauß, welcher in seinem „Leben Jesu" von 1835 einen völlig zersetzenden Einfluß auf alle bisherige Theologie zu üben begann. Noch echt scholastisch von dem Schulsatze Hegel's ausgehend, daß es die Art der Idee nicht sei, ihren unendlichen Inhalt in Ein Exemplar auszuschütten, stieß er den Begriff des Gottmenschen, in welchen die speculative Philosophie mit priesterlicher Würde ihre tiefste Bedeutung niedergelegt hatte, wenigstens insofern um, als diese Philosophie bisher gewohnt war, von dem Verhältnisse der göttlichen und menschlichen Natur, davon diese die „Wirklichkeit" jener, jene die „Wahrheit" dieser sei, ganz unbefangen auf die geschichtliche Person Jesu überzugehen, in welcher jene Einheit selbstverständlich vorliege. Statt dessen behandelte Strauß in meisterhafter und blendender Darstellung sämmtliche Bilder, welche die evangelische Geschichte aufrollt, als Producte der absichtslos dichtenden Sage, als allmälige, den alttestamentlichen Inhalt im neuen Testament wiederholende Schöpfungen der ihren Herrn und Meister verehrenden Gemeinde. Nachdem so mit großem Aufwande von Verstandesschärfe und historisch-kritischer Kunst und Gelehrsamkeit die Wahrheit der evangelischen Erzählungen von Jesu Leben, Lehre, Leiden und Auferstehen aufgelöst und als letzter, aus dem Nebel der „Mythen" hervortretender Rest von Geschichtlichkeit der „religiöse Genius" Christi und des Christenthums an's Licht gestellt war, erhob sich auf

theologischem und kirchlichem Gebiete eine Bewegung von längst
nicht mehr dagewesener Lebhaftigkeit und Bedeutung. Das „Leben
Jesu" war der zündende Funke, durch welchen der schon lange
zusammengehäufte Brennstoff in lichterlohe Flammen gerieth. Zur
Löschung des Brandes erschienen die alten und neuen Orthodoxen,
die frommen Anhänger Hegel's und die übrigen positiven Philosophen, dazu die Vermittelungstheologen; eine Fluth von Darstel-
lungen des Lebens Jesu folgte in den nächsten Jahren, von welchen
indessen fast nur eine einzige in dem Mangel einer soliden Quellen-
kritik die wirklich schwache Seite an dem Unternehmen von Strauß
berührt hat. Erst als ein Menschenalter später die Frage in
Folge der neuen Bearbeitung des Lebens Jesu von Strauß,
aber auch der gleichzeitig erscheinenden Arbeiten von Renan,
Schenkel, Weizsäcker, Keim und anderer, unter sich weit
auseinander gehender Gelehrten, die ganze Frage auf's Neue aufgenommen wurde, war es möglich, die Debatte in Bahnen zu
lenken, welche sich wissenschaftlich meßbar und regulirbar gestalteten und das Ziel bestimmter Erträgnisse theils schon erkennen,
theils wenigstens ahnen lassen.

Mittlerweile war freilich aus dem Einen Angriffspunkt eine
ganze Sturmlinie von weitester Ausdehnung geworden. Strauß
hatte zwanzig Jahre nach Schleiermacher eine neue „Glaubenslehre" erscheinen lassen, worin er die christliche Dogmatik als
einen inneren Bildungs- und Zerstörungsprozeß, als ein resultat-
loses Entstehen und Vergehen mit der gewohnten Ruhe histori-
scher Beweisführung darstellte und namentlich alle Erscheinungen
der Rückbildung, die versteckten Widersprüche, die allmälige Zer-
nagung aller festen Fäden des Dogma's durch den Zweifel mit
erschreckender Deutlichkeit vorführte. Ihn womöglich noch zu über-
bieten wurde jetzt das Ziel von literarischen Unternehmungen, wie
die „Hallischen Jahrbücher", welche eingingen, nachdem sie eben
das Christenthum für eingegangen erklärt hatten, und von einer
dabei betheiligten Reihe negativer Geister, unter welchen außer
dem in den vierziger Jahren blühenden Ludwig Feuerbach
kaum Einer eines bleibenden Namens sicher sein dürfte. Jedenfalls dienten die jetzt sich häufenden Ueberschreitungen blos dazu,

den Sieg der theologischen Reaction zu beschleunigen. Es begann nun von Seiten der Kirche der Kampf auf Leben und Tod. Nicht blos konnte ein Lehrtalent wie Strauß keine Stelle mehr selbst innerhalb der philosophischen Facultät finden, sondern es wurde ein förmliches Abschließungssystem gegen alle Wissenschaft mit steigendem Erfolg ins Werk gesetzt. Wissenschaftlich unbestreitbare Sätze, welche man vor der großen Controverse über das „Leben Jesu" noch unbefangen und unbedenklich äußern konnte, wurden nunmehr ganz anders aufgenommen; man sah überall nur Consequenzen der Kritik von Strauß und sprach über sie nach demselben Maßstabe ab; bei jeder Gelegenheit erhob sich der Ruf „wider die Irrlehre", appellirte man an die Urtheilslosigkeit der Massen und rief das fromme Volksbewußtsein zu Hilfe; vor Allem aber setzte man sich, je länger je mehr, mit den Staatsregierungen in's Benehmen, denen man das verhängnißvolle Vorurtheil beizubringen wußte, daß die entschlossen rückläufige Theologie unter anderen Vortheilen, die sie bietet, auch die beste Beamten= und Militärreligion verspreche. Ueberhaupt verlief die reactionäre Strömung innerhalb der protestantischen Kirche und Theologie in zwei, durch den Wärmegrad ihrer Fluthung charakteristisch verschiedenen Stadien. Das erste, wie es vor allem die zwanziger und dreißiger Jahre füllte, theilt mit der Theologie Schleiermacher's im Ganzen Ursprung und Richtung. Demselben Drang der Zeit nach lebensvoller Auffassung des religiösen Verhältnisses folgend, knüpfte man unbefangen und unbeirrt durch das, ja auch von der gleichzeitigen idealistischen Philosophie ignorirte, Zwischen= und Dreinreden der Kantianer an die alte Glaubenswelt an und suchte sie mit der Innigkeit des seit den Befreiungskriegen mächtig erwachten religiösen Sinnes und Triebes neu zu beleben. Dies war die Phase des Gemüthes und der Phantasie, auch des Gewissens und tieferen Verständnisses für eine Seite des Lebens, die lange unverantwortlich vernachlässigt worden war. Bald genug sollte auf sie die Phase des kühlen kirchenpolitischen Calculs folgen, des nüchternen juristischen Räsonnements, die Zeit, da jeder theologische Dilettant uns vordemonstrirte, daß die Kirche eben eine Gesellschaft sei, wie ein

Museum, daher auch ihre Statuten habe, wie ein Museum; zu diesen Statuten gehören die vor dreihundert Jahren gemachten Bekenntnisse; also wer sie nicht glauben und verdauen mag, der solle austreten. Als ob die Kirche so recht die Stätte der Todten, diejenige Gesellschaft wäre, darin nur die vor dreihundert Jahren Lebenden berechtigt gewesen wären, zu denken und zu sprechen!

Die zwei Stadien des Processes, die wir unterschieden haben, verhalten sich zu einander wie Schaum und Hefe. Dort haben wir den älteren, an den ursprünglichen Quellen der Religion selbst trinkenden und in so vielen seiner Vertreter nicht anders als ehr= würdig und gesund zu nennenden Pietismus, hier die neumodische, in verhältnißmäßig wenigen ihrer Anhänger anders als wider= wärtig und krankhaft zu nennende, Orthodoxie. Typisch für jene ältere Zeit sind Namen wie Rudolf Stier und August Tholuck, typisch für die spätere Kliefoth, Harleß und wie die andern Miniaturpäpste noch heißen mögen, die selbst kühl bis ans Herz hinan vor uns f. g. ungläubigen Theologe hintreten und uns an den Fingern die Gründe herzählen, weßhalb wir zu ihrem eigenen lebhaften Bedauern — denn diese Herren sind durchaus höflich und hoffähig — schlechterdings alle abgesetzt werden müssen. Dort, in jenem ersten Stadium, waren es Glaubens= und Wahrheitsfragen, welche die Geister bewegten; hier in diesem zweiten sind es lediglich Machtfragen, es handelt sich z. B. um die Frage, ob in Berlin Hengstenberg mit seiner alten, später ob die Coterie der „Neuen Evangelischen Kirchenzeitung" obenan stehen, das Heft allein in Händen behalten und das Recht haben sollte, abzusetzen und zu maßregeln nach Belieben. Damals fanden die f. g. Gläubigen und Stillen im Lande es noch ganz in der Ordnung, wenn sie nicht überall zu oberst saßen in den Schulen und vor ihrer hohepriesterlichen Würde die Welt sich beugte; man lebte vielmehr gerade vom Gegensatze zur Welt, und dieses, an die Kirchen unter dem Kreuz erinnernde, puritanisch strenge Wesen übte auf ernste Gemüther einen unwiderstehlichen Reiz aus. In unserer Gegenwart hat man in denselben Kreisen stillschweigend jenes bekannte Dogma des Cardinals Bellarmin adoptirt, wonach die wahre Kirche vor

Allem durch das Kennzeichen weltlicher Macht und irdischen Wohlergehens von der falschen sich unterscheide. In der That bildet zwischen dieser neumodischen Kirchlichkeit auf protestantischem und der entsprechenden ultramontanen Richtung auf katholischem Gebiet nichts ein charakteristischeres Band der Einheit, als das beiderseits in ganz gleicher Weise ausgeprägte Bewußtsein schlechthin allein berechtigter Existenz. Beiderseits bedeutet die „kirchliche Freiheit", deren Forderung man mit so großem Pomp in Scene setzt, ganz das Gleiche: nicht etwa die unbehinderte Möglichkeit, neben anderen zu stehen und zu gehen, sondern das Privilegium, allein aufrecht stehen und gehen, Andersmeinenden aber auf die Köpfe treten zu dürfen.

Am schlimmsten ist unter der Pflege dieser neumodischen Kirchlichkeit die Theologie gefahren. Dieselbe ist seit einem Menschenalter in einem weltkundigen Krankheitszustand begriffen, der es nicht zum Leben und nicht zum Sterben kommen lassen will. Offenkundig nicht minder ist die Ursache davon. Fast ganz übereinstimmende Praxis wurde es in Preußen, Sachsen, Hannover, Bayern, Kurhessen, bei der Besetzung der theologischen Lehrstühle kaum noch nach der wissenschaftlichen Tüchtigkeit, viel eher jedenfalls darnach zu fragen, ob der Betreffende gläubig genug sei, um dem Interesse der Kirche gegenüber demjenigen der Wissenschaft nichts zu vergeben. Selbst solche Theologen, welche es zeitgemäß erachteten, bei feierlichen Gelegenheiten, wo es sich gut anhörte, der freien Wissenschaft das Wort zu reden, wurden immer schroffer und abstoßender gegen Alles, was ihnen nicht im Sinne des positiven Christenthums vorkam. Diese Richtung auf religiöse Repristination und kirchliche Reaction nahm seit Beginn der vierziger Jahre einen immer mächtigeren Aufschwung. Ein Zeichen der Zeit war es, als bald, nachdem König Friedrich Wilhelm IV. den preußischen Thron bestiegen, der Schule Hegel's, die alles Unglück verschuldet zu haben schien, der Krieg erklärt und Schelling von München nach Berlin berufen wurde, um daselbst „zur Heilung der von der Philosophie geschlagenen Wunden" zu wirken. In der That producirte nunmehr der seit einem Menschenalter verstummte Denker eine mystische, an den Neuplatonismus erinnernde Religionsphilosophie, worin er „die vollkommene Einigung der Wissenschaft mit einer Johanneskirche der Zukunft" verhieß. Aber nicht Schelling's Vorlesungen, sondern die Bewegung des Jahres 1848 und die im Gefolge derselben einhergehende Reaction versetzten der gesunden Wissenschaft den nachhaltigst wirkenden Stoß. Jetzt erst kamen die fetten Jahre für die in Kurhessen etablirte „Theologie der Thatsachen", für das Gottesbewußtsein der gebrochenen Verfassungseide, der leibhaftigen Teufelsschau und des „Gnadenmittelamtes". In Preußen aber war nun Hengstenberg obenan. Es wird künftigen Geschlechtern schwer begreiflich gemacht werden können, wie gerade der „Staat der Intelligenz" mit steigender Ausschließlichkeit eine Theologie begünstigen konnte, welche mit aller und jeder wissenschaftlichen Methode gebrochen hatte, und deren Resultate, wenn sie ernsthaft genommen werden sollten, weil mit der gesammten Zeitbildung im schreiendsten Widerspruche, nur dazu hätten dienen können, entweder den Geist des Volkes, der sich beide unverträglichen Gegensätze aneignen sollte, verrückt zu machen, oder aber in unser gesammtes gesellschaftliches Leben die verderblichste aller Spaltungen hereinzubringen, jene Zersetzung, an der das französische Volk zu Grunde gehen wird: das Auseinandergehen in Nichts- und in Alles-Glaubende. Ja wir stehen dieser Gefahr heute gar nicht so fern, als wir im stolzen Hinblicke auf das ihr unterlegene Nachbarland oft glauben möchten. Dieses Verdienst hat sich die auf den Trümmern der Revolution von 1848 errichtete Staatsreligion erworben.*) Schon unter dem Minister Eichhorn, dem ein böses Geschick, anstatt der Finanzen, die Cultusangelegenheiten in die Hände gespielt hat, gab es keine bessere Empfehlung zu theologischen Lehrstühlen, als ein recht geflissentlich und scharf hervorgehobener Gegensatz gegen Alles, was als rationalistische Kritik der biblischen Urkunden und kirchlichen Dogmen verschrieen war. Doch war es damals wenigstens noch der Weizen der sogenannten Vermittlungstheologie,

---

*) Vergleich für das Folgende: „Ein Stück aus der Hinterlassenschaft des Herrn von Mühler", 1872, S. 5 ꝛc.

welcher blühte. Anders gestalteten sich die Dinge, als seit Beginn der fünfziger Jahre der wissenschaftliche Kampf hinter den neu erwachten kirchlichen Gegensätzen zurücktrat und die Restaurationstendenzen in der Theologie methodisch in den Dienst der politischen Reaction gezogen wurden. Nunmehr empfingen die überall auftauchenden hochkirchlichen und confessionellen Bestrebungen von wegen der „Solidarität der conservativen Interessen" die allersorgfältigste Pflege — vor Allem auch von hochadeligen und fürstlichen Händen. Jetzt erst, da sie sich als ein hochgewerthetes Rad in der rückläufigen Staatsmaschine wußte, wuchs der protestantischen Klerisei der Kamm — so hoch, wie dies seit den Blüthezeiten der Orthodoxie im siebenzehnten Jahrhundert niemals, ja kaum damals in dem Grade wie jetzt, der Fall war. Wir erlebten die Tage der inquisitorischen Kirchenvisitationen, der Denunciationen und Disciplinaruntersuchungen gegen freisinnige Geistliche, der Herabwürdigung der theologischen Prüfungen zu Glaubensgerichten. Unter den Cultusministern von Raumer und von Mühler arbeitete der gesammte kirchliche Verwaltungsorganismus lediglich nur noch im Dienste des intolerantesten Zelotismus und der verfolgungssüchtigsten Rechtgläubigkeit. Es kam die Zeit, da Schleiermacher es nicht mehr über den Privatdocenten hinausgebracht hätte, ja da er, wie die gegen Dr. Hanne, gegen Pfarrer Schröder und gegen die Prediger Lisco und Sydow angestrengten Processe darthaten, selbst als einfacher Pfarrer seiner Existenz nicht sicher gewesen wäre. Noch 1846 konnte sogar ein Nitzsch der Generalsynode eine Veränderung und Erneuerung des apostolischen Glaubensbekenntnisses als Ordinationsformular vorschlagen, worin die gröbsten Anstöße beseitigt sind. Nach dem glorreichen Kriege von 1870 dagegen wurden die angesehensten Geistlichen Berlins disciplinarisch belangt, weil sie vor einem Kreise gebildeter Männer und Frauen die allmälige Entstehung jenes, nur vom gröbsten Aberglauben den Aposteln zuzuschreibenden, Symbols und den, unseren heutigen Begriffen allerdings fern genug liegenden, ursprünglichen Sinn einzelner seiner Sätze, wie ihn die geschichtliche Wissenschaft festgestellt hat, nachwiesen und ihre Nichtübereinstimmung damit erkennen ließen. Eine ähnliche Prostitution der Religion und Kirche ist selbst in den traurigsten Tagen des Ministeriums Raumer nicht möglich gewesen, wie sie damals, mitten herein in die großen Tage und in diesen sonnenhellen Glanz des preußischen Namens als häßlicher Denkstein pfäffischer Mißregierung gepflanzt werden wollte. — Aber es gibt kein zäheres Leben auf der Welt, als das der Religion. Trotzdem daß ihre berufenen Wächter und Pfleger, keineswegs blos in ganz vereinzelten Fällen, alles das Ihrige redlich gethan haben, um sie gänzlich außer Credit zu setzen, ja nicht etwa blos mit dem Kreuz der Lächerlichkeit, sondern auch mit dem Fluche der Völker zu belasten, lebt sie, und zwar nicht blos in verkrüppelter Gestalt, sie erfreut auch noch, sie duftet und erquickt. Auch die Theologie, trotzdem daß die Staatsweisheit sie bald auf den Isolirschemel, bald unter die Luftpumpe gesetzt hat, ist nicht ganz umzubringen gewesen. Ein kleines Häuflein ernst arbeitender Männer hat sich den Kopf kühl und das Gewissen gerade erhalten. Zwar schmolz unter den Einflüssen der officiellen Ungunst die Zahl der Arbeiter mit der Zeit sehr zusammen; viele wurden in andere Berufssphären gedrängt, manche ganz unterdrückt. Dennoch gelang es, die Continuität der Wissenschaft zu wahren und vor Allem auf dem Gebiete der biblischen Kritik und Geschichte Leistungen hervorzubringen, welche den Vergleich mit jeder anderen, unter günstigeren Bedingungen arbeitenden Wissenschaft aushalten können. Zunächst war dies das Verdienst der sog. „Tübinger Schule", in welcher die von Strauß angeregte Bewegung endlich ihre gesunde Entwicklung in der Theologie selbst finden sollte. Das berühmte Haupt dieser Schule, Ferdinand Christian Baur, einer herabgekommenen Facultät zu guter Stunde durch einen denkenden Staatsmann aufoctroyirt, und seine begabten Anhänger und Fortbildner, A. Schwegler, E. Zeller, R. Köstlin u. A. haben in der That vermocht, ein neues, zunächst höchst überraschendes, aber im Wesentlichen den Eindruck der Wirklichkeit gewährendes Licht auf die Verhältnisse des Urchristenthums und seine Entwicklungen zu werfen und die Normen und Gesetze der historischen Methode mit Sicherheit und durchschlagendem Erfolge auch auf dieses so spröd scheinende Gebiet anzuwenden. Besserungen und Modificationen, welche nicht blos von Hilgenfeld und Lipsius, von Pfleiderer und Overbeck, sondern auch von einem Gegner, wie Ritschl, nicht minder von dem ihnen allen ebenbürtigen Reuß ausgegangen sind, ändern nichts Wesentliches an diesem Resultate. Die zwischen den genannten Theologen geführten historisch-kritischen Verhandlungen über den Ursprung des Christenthums einerseits, die unter der Pflege von Ewald und Hitzig erblühte, dem gleichzeitigen Höhestand aller orientalischen Wissenschaften durchaus entsprechende, alttestamentliche Philologie und Geschichte andererseits, bilden den Stolz der heutigen Theologie, freilich zugleich auch diejenigen Partien derselben, von welchen der gewöhnliche studiosus theologiae, wie er an den Pflegestätten der reinen Lehre herangezogen wird, entweder gar nichts erfährt oder nur ein durchaus karikirtes und auf das Gehässigste entstelltes Bild überliefert bekommt. Denn während für das Verständniß sowohl des alten als des neuen Testamentes alle wirklichen Fortschritte offenkundig von Seiten der unter Acht und Bann lebenden Forschung ausgegangen sind, haben sich die besseren, vom wissenschaftlichen Gewissen nicht verlassenen Vertreter der sich selbst so nennenden „besonnenen Kritik" damit begnügt, den Fortschritten der ernsthaften Wissenschaft aus einiger Entfernung zu folgen, langsam freilich und widerwillig, auch unter mannigfachen pathetischen Protesten, die oft genug heute ausgesprochen wurden gegenüber denjenigen Consequenzen, welche jenen Theologen erst morgen oder übermorgen klar werden sollten. Eine kaum minder zahlreiche, aber gefährlichere Gattung von Theologen dagegen verlegte sich mit nur zu großem Erfolge darauf, jene Erträgnisse der Wissenschaft entweder in frivoler Trägheit ganz zu ignoriren, oder aber vor den Studenten als Contrebande zu denunciren und, wie die zugleich erbauten und belustigten Zuhörer meinten, geistreich und witzig hinzurichten. Die kirchlich-politische Richtung eines Theologen, vor Allem seine Stellung zum Protestantenverein, genügte, um das Urtheil über seine wissenschaftlichen Leistungen festzustellen. So mußte freilich sogar über verhältnißmäßig klar liegende Fragen eine ruhige Verständigung mit der Zeit zur Unmöglichkeit werden: ein Erfolg, zu welchem vor Allem jene kirchlichen Blätter beigetragen haben, welche, die „Neue Evangelische Kirchenzeitung" voran, „jede Frage der objectiven Wissenschaft sofort in die Arena ihrer rein kirchenpolitischen Parteikämpfe herabziehen, eben so sehr zur Verunehrung der Wissenschaft als der Kirche".*)

Die Taktik der herrschenden Theologie besteht überhaupt zum nicht geringen Theile darin, die Aufmerksamkeit der studirenden Jugend von den kritischen Fragen, welche Den, der sie einmal durchgearbeitet hat, zeitlebens zum Fanatiker untauglich machen, abzulenken und so ausschließlich als möglich auf das dogmatische Gebiet zu concentriren. Auf diese Weise werden Verstand und Urtheil ein= für allemal den Ansprüchen der Phantasie und des undisciplinirten Gemüthslebens unterworfen. Denn man könnte wahrlich nicht sagen, daß dermalen die Stärke unserer theologischen Production auf dem dogmatischen Gebiete zu suchen wäre. So entscheidend großartig die Macht der Resultate des historisch=kritischen Processes den Zeitgenossen auf's Herz fällt, so wenig versäumen sie etwas Nennenswerthes, wenn sie sich lediglich nichts kümmern um die Erträgnisse des daneben herlaufenden philosophisch=dogmatischen Processes.

Die weise Selbstbeschränkung, welche sich die Philosophie vor hundert Jahren auferlegt hatte, indem sie auf eine objective Erkenntniß des Uebersinnlichen verzichtete, hatte zunächst allerdings zu jener rationalistischen Betonung der Moral geführt, welche in dringende Gefahr gerieth, jede Fühlung mit der religiösen Welt zu verlieren. Aber die philosophische Forschung hat auch hier stets eine über der religiösen Unfruchtbarkeit der theologischen Praxis weit erhabene Höhenlinie eingenommen, und eben damals ist es zu Einsichten in das Wesen des religiösen Processes gekommen, welche, wenn die Theologie vermocht hätte, sie sich anzueignen, geeignet gewesen wäre, ihr schon vor Schleiermacher und auch unabhängig von dessen Gefühlslehre wieder selbstständigen Gehalt und unmittelbare Fühlung mit der philosophischen und poetischen Productivität jener Zeit zu sichern.

---

*) D. Pfleiderer: Der Paulinismus, S. 120.

Man mag über die Dürftigkeit des in die weiteste Ferne der Hypothese hinausgedrängten Gottesbegriffes Kant's noch so abschätzig urtheilen: mit der Begründung der Religion auf die wunderbare Thatsache des sittlichen Bewußtseins war eine unvergeßliche That auf dem Gebiete der Religionswissenschaft geleistet. Denn erfahrungsmäßig erwacht doch wohl der religiöse Glaube wenigstens zum guten Theile an jener Thatsache, ja er bezieht aus diesem einen seiner Ursprungspunkte die sichersten Heilmittel gegen die Gefahren, welche ihm aus seinem andern Quellorte erwachsen, nämlich aus jenem, über die fragmentarische Erscheinungswelt hinausgehenden, phantasiemäßige Ergänzungen der Wirklichkeit schaffenden Bedürfnisse des Gemüthes. Hat Kant für die letztere Seite an der Sache so gut wie kein Verständniß gehabt, so war um so schärfer entwickelt sein Sinn für die erstere. Er hatte nicht blos die psychologische Thatsache richtig erfaßt, das sittliche Phänomen deutlicher, als je geschehen war, beleuchtet, er hatte auch gezeigt, wie auf diesem Wege allein das Dasein einer übersinnlichen Welt, also auch die Voraussetzung und Heimath der Religion, verbürgt erscheint. Seine praktische Vernunft leitete mit Sicherheit auf diese Spur. Wenn dann Jacobi, vielfach im Anschlusse an Kant, auch wieder die Forderungen des Gemüthes vertrat, so scheint mir doch von höherem Werthe die ästhetische Wendung, welche Fries den theologischen und ethischen Grundzügen des Systems der reinen und der praktischen Vernunft gegeben hat. Jene gefühlsmäßig wirkende Urtheilskraft, welche uns den, dem Verstande unzugänglichen ewigen Werth der Erscheinungen ahnen läßt, treibt bei ihm eben so sehr zu einer religiösen, als zu einer ästhetischen Weltanschauung, wie das die Religionslehre De Wette's darthut, welcher in seinem Nachrufe an Fries nichts mehr rühmt, als daß er von ihm gelernt habe, wie die Religion im Gefühle liegt und der künstlerischen Thätigkeit des menschlichen Geistes verwandt sei. So konnte selbst in den Dogmen eine heilige Poesie als das Gemeingefühl der Kirche vermittelnd nachgewiesen werden — ein Gedanke, dessen sich dann die Romantik mit Vorliebe bemächtigt hat. Der Gebrauch, den sie davon machte, war freilich ein so schwinbelhafter und vielfach so compromittirend für die Religion, daß selbst Schleiermacher seine wesentlich verwandte Grundrichtung wenigstens in der „Glaubenslehre" kaum noch andeutet, indem er als „ursprüngliche Formen der Aeußerung frommer Gemüthszustände" auf einer niederen Stufe heilige Zeichen und symbolische Handlungen, auf einer höheren „dichterische und rednerische Ausdrücke" aufführt.

Aber von allen diesen fruchtbaren Keimen hat die Theologie nach Schleiermacher einfach keine Notiz mehr genommen; sie ist „romantische Theologie"*) in des Wortes übelster Bedeutung geblieben. Jene weit über die natürlichen Grenzen hinausgehende Reaction gegen den Rationalismus Kant's trieb die Dogmatik wieder in Bahnen, auf welchen sie sich, als hätte nie ein Kant, bald auch, als hätte nie ein Kopernikus gelebt, ganz wieder dem alten Drang nach kosmologischer Ausbildung der Weltansicht überließ. Ein neuerer Philosoph, welchen ich um so lieber anführe, weil seine Pietät gegen die Interessen der Religion ihn auch bei der herrschenden Theologie im Ansehen erhalten hat, beklagt diese Thatsache in beredten Worten; er schildert, ohne Namen zu nennen, das allgemeine Wesen der dogmatischen Unternehmungen der heutigen Scholastiker in zutreffendster Weise, wenn er sagt, ihren Versuchen liege nicht sowohl die Frage zu Grunde, was sein muß, oder auch nur, was sein kann, sondern nur was am schönsten sein würde, wenn es wäre; „über dieses Schönste aber entscheiden die undisciplinirbaren Vorurtheile ganz individueller Stimmung". Auf diese Weise habe „die dogmatische Forschung unserer Zeit theils mit großem Aufwand philosophischen Tiefsinnes, theils mit wenig Methode und viel Behagen sich in Untersuchungen vertieft, in welche auch nur einzutreten der Geist

---

*) Weisse: Philosophische Dogmatik, I., S. 58: „So nenne ich die Ansicht der Theologie, die mit einer Ahnung von der geschichtlich-empirischen Natur des Inhalts der positiven Religionen doch in keiner Weise mit der Anerkennung dieser Natur wissenschaftlichen Ernst macht, sondern der geschichtlichen Bedeutung dieses Inhalts eben dadurch zu huldigen vermeint, daß sie ihn von allen, auf andern Gebieten der Erfahrung wohlbewährten Gesetzen des Geschehens und also zugleich der empirischen Erkenntniß entbindet."

unserer allgemeinen Bildung verweigert, nicht blos im Bewußtsein der Erfolglosigkeit, sondern auch aus Scheu, göttliche Geheimnisse, die er ehrt, durch übermüthige Zudringlichkeit des Alleswissens zu verletzen".*) „Sie geben dem Ganzen der neueren Dogmatik nur den Charakter der Anarchie, gemildert durch Unfruchtbarkeit. Denn unfruchtbar für das Leben sind doch alle diese Versuche, durch ungewisse Deutung ungewisser Schriften den Hergang der Schöpfung im Widerspruch mit den Ergebnissen der Naturforschung zu detailliren, oder den Untergang der Welt und die genaue Gestalt des verklärten Lebens zu errathen, ohne Rücksicht auf unsere fortschreitende Kenntniß der physischen Welt, die zwar nie solche Räthsel lösen, aber doch unseren Gedanken über sie einen Hintergrund geben könnte, der allzu willkürliche Ausschweifungen einengte. Unfruchtbar endlich und dem Geiste des Christenthums wenig angemessen ist die Vorliebe für die Speculationen über die Dreieinigkeit Gottes, in welcher den Schlüssel aller religiösen und weltlichen Erkenntnisse gefunden zu haben, Viele zu tiefem Erstaunen der Hörenden behaupten, ohne bisher durch die That Hoffnung auf Erfüllung ihrer Versprechungen zu erwecken."**) Immerhin findet der gute Wille der christlichen Gesinnung, die sich in solchen Versuchen ausspricht, sein Recht und seine Anerkennung. „Nur dies bestätigen wir, daß auf viele Gemüther der Eindruck ihrer Ergebnisse vollkommen der entgegengesetzte des beabsichtigten ist. Mit Geringschätzung schweigen wir dagegen über Bestrebungen, die mit dem Begriffe der Dreieinigkeit nur noch in pythagoräischer Zahlenmystik spielen und beinahe die christliche Trinität deswegen hochzuhalten scheinen, weil sie ein Beispiel der Dreizahl ist. Mit gleichem Recht könnte man die Verehrung der Primzahlen oder der Quadratwurzeln in das Glaubensbekenntniß aufnehmen."***)

Ich habe absichtlich einen bei den theologischen Kämpfen der Gegenwart unbetheiligten Gelehrten zu Wort kommen lassen, um

---

*) Lotze, Mikrokosmus, 2. Aufl. III., S. 370.
**) A. a. O. S. 371.
***) A. a. O. S. 374.

die Zustände der absoluten Zerfahrenheit und Unsicherheit, den Mangel an aller Methode, den reinen Verfall der systematischen Theologie von heute zu schildern. Wer etwa nach Beispielen verlangt, der mag sich erinnern, daß noch in den letzten Jahren des Ministeriums Mühler ein Pfarrer zum Professor ernannt worden ist, nachdem er bewiesen hatte, daß Bileam's Eselin so sicher geredet habe, als der Mensch, der freilich auch nur ein Erdenkloß, gleichwohl aber mit Sprache begabt ist. Ein Anderer wurde zum Ordinarius gemacht, welcher ein Werk veröffentlichen konnte, darin die Liebe Gottes zu den Menschen als eine Art heiliger Raserei, die lutherischen Sacramente aber mit ihren mysteriösen Ungeheuerlichkeiten, die sie dem Glauben zumuthen, als „Gipfel solcher göttlicher Liebesthorheit" dargestellt werden. Ein dritter, einflußreicher Theologe ist vom Süden nach Preußen berufen, nachdem er die alte Naturtheologie des Raimund von Sabunde erneuert und gelehrt hatte, die Geheimnisse des Trinitätsglaubens in der Configuration der Sternbilder und im Pflanzen- und Thierleben zu entdecken. Daß trotz solcher Ungeheuerlichkeiten und oft dicht daneben auf dem Gebiete der Dogmen- und Kirchengeschichte auch von Seite der dogmatisch abgeschlossenen Richtung mancherlei achtungswerthe Arbeit geleistet worden ist, fällt mir nicht ein zu läugnen. Nur dürfte auch auf diesem Gebiete der liberalen Richtung — man denke an Karl Hase und seine Schule — der Löwenantheil zufallen, und Grund zu selbstgefälligen Betrachtungen darüber, „wie herrlich weit wir's doch gebracht" seit Schleiermacher's Tagen" *), besteht wahrhaftig lediglich gar keiner. Thatsächlich ist die Theologie an nicht eben wenigen Facultäten ganz oder theilweise auf eine Linie herabgesunken, die so entschieden unter dem Niveau der übrigen, auf den Universitäten vertretenen Wissenschaften steht, daß es kein Wunder ist, wenn, wie versichert wird, die Docenten der Staats- und Naturwissenschaften, der Philosophie, Philologie und Geschichte

---

*) Vergl. hierüber und überhaupt für die Würdigung des Contrastes zwischen heute und den Blüthezeiten Schleiermacher's P. W. Schmidt in der „Protestantischen Kirchenzeitung", 1873, Nr. 31, S. 681 fg.

ihre theologischen Collegen oft nur vom Standpunkte eines psychologischen oder pathologischen Interesses betrachten*), unter sich aber ganz ernstlich die Frage verhandeln, ob die Theologie überhaupt noch, ich will nicht sagen eine Wissenschaft, sondern auch nur ein ehrliches Handwerk genannt werden könne. Mit allem erdenklichen Muthwillen ist die gesunde und organische Stellung, in welche Schleiermacher eine Religionswissenschaft mitten in den lebendigen Zusammenhang der philosophischen Fächer einerseits, der Geschichtswissenschaften andererseits hineingestellt hatte, zuerst gelockert, dann gänzlich aufgehoben worden. So ist die ehrenvolle Stellung, welche die theologische Facultät eine Zeit lang in lebendiger Wechselwirkung mit den übrigen Fächern zu behaupten vermochte, gründlich erschüttert; sie ist vielfach zu einem akademischen Zopf geworden; an mehr als einem Orte arbeitet sie fast ausschließlich für den engsten Hausbedarf einer pastoralen Praxis von beschränktester Art. Man fing damit an, in Baur und seiner Schule diejenigen Theologen, welche die allgemeinen Gesetze des historischen Geschehens mit dem überraschendsten Erfolge, allerdings auch mit großer Kühnheit auf die Darstellung des Urchristenthums übertragen hatten, als Ketzer und Verräther am Heiligthum darzustellen, und man endete mit der Aechtung der freien Wissenschaft überhaupt. Wir müßten uns der Wahrheit wenig verpflichtet fühlen, wollten wir sagen, daß in diesem Degenerationsprocesse trotz persönlicher Achtbarkeit vieler ihrer Vertreter jene Theologie eine besonders ehrenvolle Rolle gespielt habe, welche sich selbst als Fortbildnerin Schleiermacher's in der Richtung nach positiver Gläubigkeit eingeführt hat. Einige Jahrzehnte lang schien zwar sie vornehmlich zwischen den Gegensätzen der Zeit eine anständige Mitte zu repräsentiren. Aber auf die Dauer hielt das nicht vor. Wie sie schon auf theoretischem Gebiete doch schließlich fast lauter als unhaltbar sich herausstellende Vermittlungsvorschläge zu bieten wußte, so fehlte es ihr auch an jeder nachhaltigen Widerstandskraft gegen den unwissenschaftlichen Geist der modernen Kirchlichkeit und Orthodoxie. Anfangs

---

*) Ein Stück aus der Hinterlassenschaft des Herrn v. Mühler, S. 2, 13, 28.

schloſſen ſich die Häupter der letztern gern an jene, im Anſehen der Wiſſenſchaftlichkeit ſtehenden Theologen an. Bald aber nahmen ſie, auf dieſe Weiſe erſtarkt, ſie ſelbſt in's Schlepptau; die Schüler wurden weiſer als alle ihre Lehrer, oder ſie hatten wenigſtens das, was jenen in der Regel fehlte: dreiſte Zuverſicht und richtig leitende Herrſchaftsinſtinkte. So wurde der wiſſenſchaftliche Ruhm der „theologiſchen Studien und Kritiken" an die „Bekenntniß= freudigkeit" und das „Autoritätsprincip" verſpielt. Aber auch in der praktiſchen Theologie, für deren wiſſenſchaftlichen Ausbau Theologen wie der ehrwürdige Nitzſch und Ehrenfeuchter Er= hebliches leiſteten, wurde die urſprüngliche Abſicht dieſer Schule, Geiſtliche zu bilden, welche mit dem Durchſchnittsmaß von Gläu= bigkeit, wie es von jenen Namen repräſentirt wird, einen freieren wiſſenſchaftlichen Horizont verbinden, nicht erreicht. Die Schüler dieſer Männer gingen vielmehr, wie ſchon geſagt, faſt alle in's ſtreng kirchliche Lager über. Und das iſt kein Wunder! Einer= ſeits fühlten ſie ſich, ſobald ſie in das praktiſche Amt hinaus= traten, durch die mitgebrachten Theorien eher geſchädigt, als gefördert, indem ſie dadurch verführt wurden, begriffliche Con= ſtructionen zu verſuchen, wo ſolche nicht am Platze ſind, Stuben= gelehrſamkeit auf die Kanzel und in die Schule zu tragen. Anderer= ſeits ſahen ſie am Beiſpiel derjenigen ihrer Collegen, welche, ohne von Kant oder Schleiermacher oder Baur Notiz zu nehmen, einfach zur alten Bekenntnißmäßigkeit zurückgekehrt waren oder pietiſtiſche Dreſſur und die Sprache Kanaans an= genommen hatten, wie wenig Kopfzerbrechen es koſte, um mit den alten Geräthſchaften und Inſtrumenten geiſtlich hanthieren und „amtiren" zu können. Dieſe verhältnißmäßige Leichtigkeit, wo= mit ſich die Regeln des Handwerks begreifen ließen, führte fort und fort die große Mehrzahl der Theologieſtudirenden den Lehr= ſtühlen der Altgläubigen zu. Eine gewiſſe Neigung zu derartiger Degeneration mag alſo wohl durch die Natur der Sache bedingt ſein. Jedenfalls aber waren es auch die Kirchen= und Staatsregie= rungen, welche die Theologie mit unwiderſtehlicher Gewalt nach dieſem Abwege trieben, indem ſie ausgiebige Sorge dafür tru= gen, daß der ernſt ſuchenden und ſtrebſamen Gemüther immer

weniger wurden, die noch Luſt verſpürten, ſich dieſer Sache zu
widmen. Jahrzehnte lang mußte man an einflußreichſter Stelle
nichts Beſſeres zu thun, als dem jungen nachſtrebenden Theologen=
geſchlecht eine Bildung, welche durch redliche Arbeit des Denkens,
des Zweifels, des Suchens, unter Umſtänden auch zu herbem Kampf
mit hergebrachtem Vorurtheil führt, zu erſparen, indem man ihm
vielmehr etwas „Fertiges" bieten wollte und es damit rettungs=
los dem Einfluſſe einer unbelehrbaren, aber privilegirten Richtung
preis gab. So iſt es gekommen, daß dieſelbe deutſche Geiſt=
lichkeit, welche einſt Trägerin der Cultur war, ſich jetzt in ihrer
ungeheueren Mehrheit mißtrauiſch, ja abſolut abſtoßend und gleich=
giltig verhält gegen Alles, was Forſchung und Kritik heißt; daß
die wiſſenſchaftliche Regſamkeit der deutſchen Geiſtlichkeit im Ver=
gleich ſelbſt mit der holländiſchen auf dem Gefrierpunkte ſteht; daß
dieſe Geiſtlichkeit namentlich Allem, was Anwendung der Geſetze
und Reſultate unſerer fortgeſchrittenen Geſchichtswiſſenſchaft auf
das religiöſe Gebiet bedeutet, den fanatiſchſten Widerſtand ent=
gegenſetzt. Wunderbar! Die Entſtehung einer Inſtitution, wie
die alte katholiſche Kirche war, das allmälige Hervorſprießen der
dogmatiſchen Grundlagen derſelben aus den Problemen, welche
die Exiſtenzfragen des Urchriſtenthums in ſich ſchloſſen, die aus=
wärtigen Einflüſſe, welche hinzutraten, um zu dieſer oder jener
theoretiſchen Faſſung des chriſtlichen Bewußtſeins zu treiben: dies
Alles kann von der Theologie auf dem gegenwärtigen Stadium
ihrer wiſſenſchaftlichen Ausbildung mit derſelben Anſchaulichkeit,
wie ſie die Beobachtung des Pflanzenwachsthums gewährt, be=
ſchrieben werden. Auf allen anderen Gebieten hat die Achtung, welche
der hiſtoriſche Sinn unſerer Zeit der Kunſt zollt, gegenwärtige Zu=
ſtände bis auf die erſten Bedingungen ihres Werdens zurück zu ver=
folgen, durchgeſchlagen. Nur die kirchliche Theologie wüthet und tobt
dagegen. Sie gemahnt uns an das, allerdings nur pathologiſch
intereſſante, Gebahren eines Menſchen, der ſich beſtändig abmüht,
das eigene Gedächtniß eines Theiles ſeiner Vergangenheit theils
todtzuſchlagen, theils ſich ſelbſt unter einer täuſchenden Beleuch=
tung vorzuführen.

Welcherlei wohlthätige Wirkungen mochte man ſich von

einer derartig gerichteten Geistesart versprochen haben, die man auf anderen Gebieten des Lebens Unzurechnungsfähigkeit genannt hätte? Oder welcherlei wohlthätige Wirkungen sind thatsächlich davon zu verspüren gewesen, sei es auf der Oberfläche, sei es in der Tiefe des Lebens, daß man die gesunde Entwicklung der Wissenschaft gewaltsam unterbrochen und mehr als ein Geschlecht heranwachsender Theologen zu einer Verbildung verurtheilt hat, die bald genug in abschreckendster Weise hervortreten sollte? Wir dürfen uns wahrhaftig nicht wundern, wenn zwischen den großen Massen von Pastoren, welche die Consistorien auf solchen ganz in ihrem Sinne besetzten Facultäten bilden lassen, und denkenden Gemeindegliedern, zumal wenn den letzteren noch die derbe rationalistische Nüchternheit im Kopfe steckt, die Möglichkeit eines gegenseitigen Verständnisses aufhört; wenn in manchen Gegenden Deutschlands jene „Larven", die schon Schleiermacher zu seinen Füßen auskriechen sah, in üppigster Fülle gediehen, und wenn hier oft geradezu ein theologisches Cretinengeschlecht erwuchs, dem der Geist der Reformation völlig entflogen und die Rückkehr zum Katholicismus nur noch Zeitfrage ist. Ist es ein Wunder, wenn wir solche Führer des evangelischen Volkes den heutigen nationalen und politischen Bedürfnissen völlig stumpf und verstockt gegenüber stehen sehen, wenn ihnen jede heilbringende, ja überhaupt jede positive Einwirkung auf die Zeit gründlich vertrieben ist? — Man weist uns auf die Thatsache der verhältnißmäßigen Verödung solcher Facultäten, die es wagen, dem herrschenden Wind zu widerstehen. Wir antworten mit dem Hinweis auf das Schicksal, welches in den meisten Ländern Deutschlands diejenigen Studirenden betraf, welche kühn genug waren, auf einer mit Acht und Bann der großen Staatskirchen belegten Facultät einen Theil ihrer Studien zu absolviren; ganz ebenso haben die deutschen Bischöfe und Erzbischöfe, so lange man sie gewähren ließ, die freier gesinnten Professoren der katholischen Facultäten zu Bonn und Gießen lahm gelegt; wir antworten ferner mit dem wiederholten Hinweis auf die raffinirte Bosheit, womit Personen und Schriften mißliebiger Lehrer der heranwachsenden Jugend denunzirt wurden; wir antworten mit dem Hinweis auf die drastische Art, womit in alten und neuen Tagen irdische Macht sich zu Gunsten dieser nunmehr herrschenden Theologie engagirt und das drohende Gewicht persönlicher Antipathien mit in die Wagschale geworfen hat; wir antworten mit dem Hinweis auf die allgemeine, ganz reißende Abnahme des Studiums der Theologie in den letzten Jahren, eine Thatsache, daran wahrlich nicht wir, die verschwindende Minorität, sondern die große Majorität Derer die Schuld trägt, welche Sache und Interesse der Kirche geflissentlich mit allem Demjenigen solidarisch verbindlich zu machen bestrebt waren, was dem heutigen Geschlecht theils lächerlich und verächtlich, theils feindselig und mit Recht verhaßt erscheint. Oder ist es denn ein Gewinn für den geistigen Haushalt unseres Volkslebens, wenn thatsächlich die künftigen Diener der evangelischen Kirche jetzt zu Hunderten an den Pflegestätten der confessionellen Beschränktheit ihre theologische Bildung suchen? Bedeutet es ein Uebermaß von Geist der Gelehrten der „Allgemeinen lutherischen Kirchenzeitung" oder der „Zeitschrift für Protestantismus und Kirche", wenn die, ihrerseits von Hengstenberg herangezogenen, pommerschen und märkischen Pastoren sich unter einander verschwören, ihre Söhne jetzt, da man sich in Preußen wieder der so hochbedeutsamen, nur im letzten Menschenalter oft ziemlich vergessenen, Kirchenpolitik der Dynastie, ja der unionistischen Existenzfragen des gesammten Staates lebhafter zu erinnern anfängt, nach Leipzig und Erlangen zu schicken, um die einheimischen Häresien mit dem in der geistigen Atmosphäre einer schmollenden Kleinstaaterei rein conservirten Lutherthum zu curiren? Das Signalement des so heranwachsenden Klerus zusammenzustellen ist kaum noch nöthig. Denn heute hört man sogar die Vertreter der rückläufigsten Sorte von Theologie darüber klagen, daß ihre Schüler selbst noch hinter ihnen, den Meistern, zurückgeblieben; daß die Qualität unserer theologischen Studentenschaft noch viel größere Rückschritte mache, als die Quantität; daß die Zeit, da noch die großen Denker und Dichter, da die Künstler und Gelehrten unseres Volkes aus dem protestantischen Pfarrhause hervorgingen, um hundert Jahre fast zurückliege; daß die Theologie studirende Jugend längst nicht mehr die Elite des heranwachsen=

den akademischen Geschlechts, für den Priesterdienst der Wissenschaft je länger, je weniger Fähigkeit und Begeisterung an den Tag lege; daß sie wesentlich dem Eudämonismus und Quietismus anheim gefallen sei; daß ein leichtlebiges Theologengeschlecht über schwere Bedenken mit wohlfeilen Aperçüs, über die ernsthaftesten Aufforderungen zu nachhaltiger Arbeit mit erbaulichen Floskeln und dem Universalmittel des Hinweises auf eine künftige Praxis, in welcher der ganze wissenschaftliche Plunder sofortiger Entwerthung anheimfalle, hinwegeile. Alles dies ist öffentlich zugestanden; noch vieles Andere wird privatissime gerade von jenen Schulhäuptern des officiellen Kirchenthums beklagt, an deren Adresse die gegenwärtige Anklage in erster Linie geht. Ja wohl! Ihr möget mit diesen Klagen ganz recht haben! Aber warum wenden dieselben Leute dann doch stets ihre Denunciationen und Hetzereien gegen uns, die wir eine freie und ehrliche Theologie fordern? Wir sind es doch wahrlich nicht, die den gewaltsamen Bruch mit einer vor hundert Jahren so verheißungsvoll angebahnten Entwicklung zu verantworten haben. Wir haben den weisen Staatsmännern, Kirchenhäuptern und Professoren, welche es dazu kommen ließen, wahrlich nicht angerathen, aus der Theologie Schleiermacher's und der Kirche der Union die beschriebenen Karikaturen von Scheinwissenschaft und Kirchenthümelei zu machen.

So ist es denn allerdings vielfach ein unbefriedigtes und unmuthiges Gefühl, womit wir die Lage überblicken, in welche die Kirche theils sich selbst gebracht hat, theils ohne ihre Schuld gerathen ist. Wenigstens als eine der großen Sache der Religion irgend würdige Erscheinung darf es doch schwerlich bezeichnet werden, wenn die seit hundert Jahren eingetretene höhere Werthung des kirchlichen Lebens zu einem nicht geringen Theil auf Motive zurücklangt, die nicht selten an die Gründe des Steigens der Börsenpapiere erinnern, vielfach auch nur die Kehrseite zum Fallen anderer, und zwar sehr positiver, Werthe darstellen. In der That bedeutete es mehr einen Mangel, als eine Kraft, wenn zweimal im Verlaufe der letzten hundert Jahre — zuerst seit der großen französischen Revolution und dem Zusammenbruche der

Weltherrschaft Napoleon's, dann wieder seit den Excessen des „tollen Jahres" 1848 — die kirchliche Strömung über die Völker Europas hereingebrochen ist wie ein übler Nachgeschmack aufregender Erlebnisse. Nicht weil sie von der Realität der Glaubenswahrheiten eine positivere, eine klarere und solider begründete Ueberzeugung gewonnen hatten, sondern vor Allem weil sie todtmüde und trost-, zuweilen auch schlafbedürftig waren, haben sie sich einer in vielen Fällen rein improvisirten Frömmigkeit in die Arme geworfen, und sind in Folge dessen die Aktien der Kirche gestiegen. Eine gewisse Richtung der heutigen Theologie lebte stets nur vom relativen Bankrott des Geistes. Die Baisse=Speculanten auf dem Gebiete des politischen Fortschritts und des allgemeinen Culturlebens sind die Hausse=Speculanten auf dem Gebiete der rückläufigen Theologie und des protestantischen Hochkirchenthums.

Wie nun aber dort der Prophet den schlauen Gehasi fragt: „War das die Zeit, Geschäfte zu machen und Silber zu erwerben?" so dürfte sich an das gesammte religiöse Industrieritterthum unserer Tage die wohlberechtigte Frage stellen: „War dies die Zeit zu speculiren auf die Selbstsucht der Einen, auf die Urtheilslosigkeit der Anderen? War das die Zeit, den Ruf wider die Irrlehre zu erneuen und Ketzerprocesse ohne Ende in Scene zu setzen? Bedurfte es eben jetzt noch dieser drohenden Damoklesschwerter, dieser infamen Galgen und Joche, aufgerichtet gegen die freie Theologie und ihre Vertreter? Ist uns gerade jetzt damit geholfen, wenn eine vielfach fast incompetente, ja verkrüppelte Generation von Kirchendienern das sittliche Urtheil der Mündigen beleidigt, das religiöse Bewußtsein der Unmündigen verwirrt? War dies eben jetzt an der Zeit, da eine Krisis über die Kirche hereingebrochen ist, wie sie in der ganzen geschichtlichen Entwicklung des Christenthums bisher noch nie dagewesen ist?"

Welches ist diese Krisis? Es thut Noth, daß wir uns offen darüber aussprechen. Die Verlegenheit, in welche die Kirche des neunzehnten Jahrhunderts hereingerathen ist, ist gleicher Weise eine theoretische und eine praktische. Die praktische haben wir bereits angedeutet, indem wir auf den wesentlich außer- und unkirchlichen Charakter derjenigen Faktoren hinwiesen, welche schon seit zweihundert Jahren im Gegensatz zu Früher die Geschicke der Völker bestimmt haben. Und wie in der Politik, so marschirt thatsächlich die Kirche auch nicht mehr an der Spitze der wissenschaftlichen, der künstlerischen Fortbewegung. Es wäre sogar unzulässig, zu glauben, daß sie es je wieder thun werde. Selbst jenes stupide Pfaffen- und Studententhum, welches dreist „Umkehr der Wissenschaft" fordert, glaubt das keineswegs. Nicht wenige unserer besten Geistlichen dagegen sagen es sich selbst und gestehen es Anderen, daß die Kirche im abnehmenden Monde steht und die Leitung der Geschicke des Reiches Gottes längst nicht mehr in der Hand des Klerus ruht. Niemand hat ihnen das überzeugender und unermüdlicher gepredigt, als der selige Rothe, indem er zugleich den Trost mitgab, daß auch die geschickte Leitung eines Rückzuges zu den glänzenden Proben des Feldherrntalentes gehöre. Aber freilich scheint es, als ob bald Niemand mehr da sein werde, um solchen Rückzug zu vollziehen. Die Abnahme des Studiums der Theologie ist eine so bedrohliche und stetige geworden, daß der Freund der Kirche mit bitterem Schmerze sich die Frage vorlegen muß, wann die Zeit gekommen sein wird, da es in Deutschland nur noch katholische Priester und sektirerische Stundenhälter, aber keine evangelischen Geistliche mehr geben wird. Und dazu erhebt sich die weitere Frage: wohin sich zurückziehen? wohin vor Allem mit dem großen Gepäck von Dogmatik und Glaubensstoff, das man so lange für das eigentliche Heiligthum im Lager, für das unnahbare Palladium der Religion ausgegeben hat? Dies eben ist die zweite, es ist die theoretische Verlegenheit. Dieselbe bezieht sich auf die Gestalt des religiösen Bewußtseins, auf die kirchliche Lehre. Nach all den gewaltigen Umwälzungen, welche unser Jahrhundert auf dem Gebiete des Denkens und Wissens erfahren hat, scheinen sich — das ist eine mit Händen zu greifende Thatsache — nunmehr gewisse Errungenschaften zu bewähren. Ein allgemeiner Rückzug auf die Erkenntnißlehre Kant's ist auf der ganzen philosophischen Linie vollzogen, und auf diesem Boden hat sich bereits eine Verständigung mit den Naturwissenschaften angebahnt und haben auch die letzteren sich über einen bloś empirischen Standpunkt erhoben. Es bleibt der Theologie nichts übrig, als auch für ihre Verhandlungen dieselben Unterlagen anzuerkennen. Dann aber dürfte sie mit der heutigen Philosophie das Geständniß theilen, daß wir über Natur und Substanz des unendlichen Geistes nichts wissen können. Es wäre — so lautet das Geständniß eines der hervorragendsten Theologen unserer Gegenwart — noch immer das erste vernünftige Wort darüber zu sprechen, wie es möglich sein soll, mit den Kategorien, die dem räumlich zeitlichen Dasein entnommen sind, das Ueber= räumliche und Ueberzeitliche zu erfassen. Demnach ist es vorbei mit jener ganzen Weltanschauung, die nur ungebrochene Strahlen kannte, welche direkt vom Wesen der Dinge in unser Erkenntniß= vermögen fielen. Jetzt gibt es überall Strahlen brechende und Strahlen zerstreuende Gläser, durch die wir sehen. Jetzt sind unsere Anschauungen, wie unsere Begriffe vor Allem von innen bedingt, durch die feststehenden Formen, die dem menschlichen Geiste, aber auch nur ihm, von Hause aus eignen. Ergänzend zu solchen Aufstellungen der philosophischen Erkenntnißlehre kommt die Physiologie und überträgt jene subjective Färbung sogar schon auf die Art und Weise, wie vor aller Anschauung und Erkenntniß die ersten Empfindungen zu Stande kommen.

Immer enger ziehen sich so die Schranken des menschlichen Erkennens. Erst kürzlich haben wir von competenter Stelle das Urtheil gehört, daß wir uns nie werden einbilden dürfen, zu wissen, was Kraft und Stoff, was Seele und Bewußtsein bedeuten. Man sieht also — wird gesagt — wie nothwendig die Mensch= heit einer Ergänzung ihrer Weltanschauung bedarf, die vom Glauben herkommt. Gewiß — vom Glauben, aber nicht vom Dogma. Die Werthe der Religion steigen, während die Werthe der Dogmatik fallen. Das ist das Geheimniß der kirchlichen Oekonomie in unserem Jahrhundert. Immer entschiedener greift das Bewußtsein um sich, daß wir mit all unserem Empfinden, Anschauen, Begreifen nie aus uns selbst heraus, nie direkt an die Dinge, wie sie an sich sind, herankommen. Es ver= steht sich von selbst, daß wenn solches unser Fall gegenüber der Sinnenwelt ist, noch viel weniger Aussicht besteht, anders, als nur in bildlichen, uneigentlichen Ausdrücken, von der übersinnlichen Welt reden zu können. Damit stürzt aber die gesammte Dogmatik in ihrer hergebrachten Gestalt als kirchliches Wissen. Ich sage nicht, daß das Dogma keine Bedeutung mehr habe; denn in irgend einem bestimmt umrissenen Weltbilde muß sich ein religiöses Bewußtsein immer abzeichnen lassen. Ich sage nur, unmöglich lasse sich darauf allein, daß Einer irgend ein Dogma läugnet, ein Urtheil über seinen religiösen Werth oder seine kirchliche Brauchbarkeit gründen. Es kommt sehr darauf an, unter welchen Voraussetzungen er jenes thut. Das ganze Problem der Religionswissenschaft ist anders gestellt, eine Revolution auf diesem Gebiete ist eingetreten, die erst klare Ergebnisse und die populär formulirbare Resultate abgeworfen haben muß, ehe mit größerer Sicherheit wird operirt werden können. Unsere gesammte religiöse Gedankenwelt muß erst neue, aber auch feste und bestimmte Umrisse gewinnen, ehe es in dem kirchlichen Bewußtsein der Zeit wieder zu soliden und sicheren Cursen kommen und die dermalen eingetretene Krisis überwunden werden kann. Dazu aber thut Arbeit und Wahrheit Noth, nicht Lügen und Ketzerabsetzen, auch nicht blindes Wüthen gegen den Protestantenverein, unternommen im Vertrauen darauf, daß es nie an Weibern fehlen wird, die das Kreuz schlagen vor diesem Thier mit Hörnern und Klauen.

Aber auch an Solchen wird es nicht fehlen, welche diese offene Darlegung der Schäden heutiger Kirche und Theologie mit Behagen hinnehmen und als Bestätigung ihres längst feststehenden Satzes verwenden werden, daß hier überhaupt Krankheit zum Tod, völliger Schiffbruch und Bankerott herrsche, und man es den Todten überlassen müsse, ihre Todten zu begraben. „Die Kirche — sagt ein demokratischer Redner — ist einfach ihrem Verwesungsprocesse zu überlassen; die Heiligthümer werden zerfallen, weil sich keine Menschen mehr finden, die Pfaffen werden wollen". — „Bitte, Herr College — frägt ein Naturforscher von Heute den Geschichtsforscher — wie ist es denn wohl gekommen, daß die Menschen eine Kirche erfinden konnten? Als Historiker müssen Sie das ja wissen." — „Sturm in einem Glas Wasser", hörte ich einst einen geistreichen Mann sagen, sei Alles, was von den Theo logen des neunzehnten Jahrhunderts im Interesse selbsteigener Wichtigkeit noch gefabelt werden mag von religiösen und kirchlichen Lebensfragen der Menschheit und der angeblich weltbewegenden Bedeutung derselben! Wie man doch nur Tag für Tag diesem leicht- oder schwerlebigen Geschlechte in's Angesicht sehen könne, ohne zu merken, daß seine Leichtlebigkeit an keinerlei religiösen Scrupeln den geringsten Schaden mehr nehme, sein Tiefsinn aber und seine schwere Lebensauffassung aus ganz anderen Quellen, als die der Religion zu Gebote stehen, Nahrung sauge!

In der That ist es seit gut einem Jahrhundert nicht verstummt, jenes unsere Zeit so bestimmt vor allen mittelalterlichen und reformatorischen Jahrhunderten kennzeichnende Lachen, welches einst Johann Gottlieb Fichte, einer der echtesten Söhne Luther's im modernen Gewande, voll heiligen Zornes kennzeichnete als ein „Lachen über die Religion, ohne daß irgend ein Einzelner eines Grundes zum Lachen sich bewußt ist, jeder aber denkt, sein Nachbar möge wohl einen solchen Grund haben."*)

Heute will dieses Lachen vielfach noch auf denselben Angesichtern etwas krampfhaft festgehalten werden, denen man gleichzeitig auch schon den Schrecken darüber abmerkt, daß gerade die Frage, auf die man am allerwenigsten eingerichtet war, sich in den lichten Vordergrund des öffentlichen Lebens hervorgewagt hat, ja zur Existenzfrage des deutschen Staates geworden ist. Kühl bis an's Herz hinan standen der Diplomaten und Staatsmänner nicht wenige diesen Dingen lange genug gegenüber. Dann kam die Periode, da sie sagten, man müsse „mit der Kirche rechnen", — ein preziöser Ausdruck, der noch die volle Schwäche verdeckte; nicht lange dauerte es, so sah man sich genöthigt, „die religiöse Frage zu studiren", wie man, nachdem jene Rechnung schlecht ausgefallen war, lieber und schon mit mehr Ernst sagte. Gleichzeitig erhob auch da und dort mancher, den Inhalt der Religion selbst gelassen negirende Philosoph seine Stimme und meinte, wir seien unversehens in die denkbar interessanteste religiöse Krisis gerathen. Gewiß! Und gerade darin

---

*) Anweisung zum seligen Leben, S. 327.

liegt das eigen geartete Interesse, welches man ihr in rein objectiver Weise spenden muß, begründet, daß diese, so heftige Erschütterungen mit sich führende Krisis zusammentrifft mit einer religiös vielfach unglaublich apathischen und indifferenten Generation, mit einem fast ganz nur auf die materiellen Interessen gerichteten Zuge der Zeit. Nicht einen Sturm im Glase Wasser also bedeutet sie, sondern ein Gewitter mitten im Winter, ein elektrisches Zucken und Wetterleuchten in der Eiswelt, ein durchaus auffallendes Phänomen, gefahrdrohend und erschreckend genug, auch dann noch, wenn man seine natürliche Bedingtheit erkannt und eingesehen hat, wie und weßhalb im Raume eines Jahrhunderts so ungeheure Gegensätze sich zusammenfinden konnten. Jene zugestandene Gleichgiltigkeit großer und einflußreicher Kreise der heutigen Gesellschaft wird somit lange nicht ausreichen, uns den richtigen Gesichtspunkt für die Würdigung des religiösen Problems zu verrücken, daran sich die unmittelbare Gegenwart abarbeitet. Die Eisenbahn-Lectüre über etliche Wunderlichkeiten des apostolischen Glaubensbekenntnisses gibt noch keinen genügenden Anhaltspunkt für eine irgendwie abschätzige Auffassung der Zukunft von Religion und Christenthum, von Kirche und Theologie. Vielmehr nimmt sich ein solches Urtheil gerade Angesichts einer Zeit, welche ganz von kirchlichen Problemen, von religiöser Gährung erfüllt ist, nicht blos bornirt aus, sondern es fällt lediglich als ein Symptom von augenblicklicher Ermattung des kritischen Blickes in's Gewicht. Nur eine Katastrophe in der Arbeiterwelt könnte den bewußt irreligiösen und antichristlichen Elementen einen vorübergehenden Erfolg verschaffen, der dann naturgemäß einer um so stärkeren Reaction Platz machen müßte. Die theoretische Haltungslosigkeit des modernen Atheismus ist gerade in seinen neuesten Kundgebungen eine vollkommen klare. Wer darum, daß wir die Dinge, wie sie an sich sind, nie erkennen werden, die Wirklichkeit der Außenwelt läugnen wollte, würde mit Recht ein Thor heißen. Eben so thöricht wäre es, das Dasein einer Gottheit darum läugnen zu wollen, weil unser begriffliches Denken ihrer nicht habhaft werden kann, oder gar, weil ein beliebiges Glaubensbekenntniß Unhaltbares darüber ausgesagt hat.

Kräfte einer übersinnlichen Welt werden fortwährend, wo wahrhaft menschliches Bewußtsein erblüht, erfahren und empfunden, und von ihrer Realität kann gerade Derjenige am überzeugtesten sein, der das klarste Bewußtsein um den nur relativen Werth und blos symbolischen Charakter aller dogmatischen Aussagen besitzt. Die Verwandlung der Sprache, mit der wir uns über unsere Heiligthümer verständigen, ist noch lange keine Verwandlung der Sache, und gerade die schwere Mühe, die es kostet, alte Sprache in neue zu übersetzen, zeugt wie für die Schwere und Größe der Thatsache selbst, so auch für die Intensität, womit sie die Herzen und Gewissen der daran Arbeitenden ergriffen hat.

Aber darin war freilich selbst David Friedrich Strauß mit den preußischen Provinzialconsistorien ganz einerlei Meinung, daß sich die alte Sprache und die Sache vollkommen decken. Jener glaubte daher die Sache vernichtet zu haben, wenn nur die Sprache als heutzutage unmöglich erschien. Diese glauben, wer die Sprache, auf welchen Punkt sie sich allein verstehen, verwirft, müsse auch ein Feind der Sache sein, von der sie sonst nichts wissen. Wer das Dogma fallen läßt, zerstöre die Kirche, verrathe das Heiligthum. Das ist gerade so, wie wenn die Philosophen sagen wollten, was ihnen freilich, da sie besser geschult sind, nicht einfällt zu sagen: Wer Raum und Zeit für blose Anschauungsformen hält, die in unserem Geiste sind, die wir mitbringen, nicht aber von außen empfangen, wer so gefährlich und ganz anders als unsere Väter von Raum und Zeit denkt, der wird in Folge dessen es sich auch herausnehmen, das Unterste zu oberst zu wenden, sich an keine räumlichen und zeitlichen Schranken mehr kehren, durch Mauern hindurchgehen, an den Wänden hinaufsteigen, von hinten nach vorn leben, den Tod nicht mehr, wie sich gehört, an den Schluß des menschlichen Lebens verlegen u. s. w. O spart euch diese Sorgen! Davon, daß die Brünnlein der Religion ewig fließen und Wasser die Fülle geben, haben wir eine kräftigere Ueberzeugung als ihr, und darum sind wir noch keine irreligiösen Menschen, daß wir unmuthig dazu sehen, wenn ihr euch geberdet, als hättet ihr diese Gewässer gepachtet und dürftet sie dreist auf eure Mühlen leiten und der

Welt, wenn sie nur das Geklapper eurer Mühlräder hört, zumuthen, sich für erbaut, für religiös gehoben, für reichlich gesegnet zu halten. Wir wissen so gut wie ihr — ja wir glauben sogar besser, wenigstens klarer als ihr — daß die Religion das unveräußerliche Angebinde der menschlichen Natur ist, und daß eine über das Christenthum hinausliegende Höhe der Religion zu ersteigen, auch dem neunzehnten und dem zwanzigsten Jahrhundert nicht aufbehalten ist. Die Religion ist die zwingendste aller höheren, geistigen Naturnothwendigkeiten. Wie jeder in Schwingung gesetzte Pendel immer wieder seine dem Mittelpunkt der Erde zugewendete Ruhestellung sucht, so lebt in jedem Menschenherzen der Drang, sich im Einklange mit dem Urgrunde aller Dinge zu fühlen, in der Harmonie mit Gott das Gleichgewicht zu behaupten und so allem Stoß und Gegenstoß, der von außen erfolgt, gewachsen zu sein. Solche Regungen durchzittern schon die Herzen der Kinder; jede Mutter weiß es, und seit Pestalozzi hat auch die neuere Pädagogik ganz andere Augen für dieses wunderbare Phänomen gewonnen, als sie etwa vor hundert Jahren einem Rousseau oder Basedow zu Gebote standen. Ohne Sinn für dieses gewaltige Gravitationsgesetz im Herzen der Menschheit ist heutzutage auch kein politischer Verstand mehr denkbar. Auch der Staatsmann bemüht sich, dieses Gesetz, wie es sich in dem, immer wieder den religiösen Ruhepunkt aufsuchenden Gemüthe der Völker kund gibt, in den Bereich seiner Combinationen aufzunehmen. Insbesondere wird unsere deutsche Volksbildung ihre Grundlage niemals auf die Dauer in der philosophischen, ästhetischen, naturwissenschaftlichen Schicht finden, sondern nur in der Religion. Für die Richtigkeit dieses einfachen Resultats aller Experimente, die seit hundert Jahren gemacht worden sind, kann Brief und Siegel gegeben werden.

Dringendere Veranlassung, die religiöse Frage zu studiren, war somit allerdings nie gegeben als heute, da es auf der Hand liegt, daß die politische Gefahr beginnt, wo die religiöse Frage nur zu Gunsten einer selbstsüchtigen Kirchenpolitik ausgebeutet werden sollte, die sociale Gefahr aber, wo sie einer Lösung im Sinne des Nihilismus zugetrieben werden wollte. Das Staatswesen beruht auf der

Voraussetzung der Anerkennung idealer Lebensmächte, für welche der Einzelne jedes Opfer zu bringen vermag. Solche Anerkennung wird aber ein Volksbewußtsein nur leisten in dem Maße, als sein religiöses Gemüthsleben weder mißleitet, noch verwahrlost und entleert ist.

In diesem Sinne ist und bleibt die religiöse Frage die eigentliche Frage des Tages. Wie sie daher auch die Theilnahme der Zeitgenossen im steigenden Maße in Anspruch nimmt, dafür legen neben den alten im Schwange gehenden, kirchlich geordneten Andachtsmitteln zahlreiche ganz neue Erscheinungen Zeugniß ab, für die man einigermaßen Verständniß besitzen muß, um den jetzigen Stand von Nachfrage und Angebot auf dem kirchlichen Lebensgebiete richtig abzuschätzen. Ich erinnere an kirchliche Vereine und Parteibestrebungen der mannigfaltigsten Art, an das Vorherrschen der religiösen und kirchlichen Fragen in der Presse und Journalistik, an Zeitschriften, Flugblätter und belehrende Literatur, an Vorträge, wie sie allenthalben in ganz Deutschland gehalten werden, vor Allem an das steigende Interesse, welches der Arbeit der wissenschaftlichen Theologie gerade außerhalb der Kreise der Fachgenossen entgegenkommt. Etwa seit Anfang der sechziger Jahre ist es den innerhalb ihrer eigenen Zunft mehr oder weniger verläugneten Theologen gelungen, einen reichlichen Ersatz für solcherlei Unbill in der Aufmerksamkeit der denkenden und religiös interessirten Laienwelt zu finden. Wie auf allen anderen Gebieten der Wissenschaft der bisher geübte verholzte Styl, der nur für Fachmänner einen Sinn in sich schloß, allmälig einer neuen, im edlen Sinn populär zu nennenden Darstellungsweise Platz machte, so erzeugte sich auch hier eine bisher so gut wie unbekannt gewesene populäre Literatur, welche die Ergebnisse der bisherigen Forschungen auf theologischem Gebiete zum Gemeingute der gebildeten Welt machten. Ist doch ein berühmter Vertreter der Tübinger Schule, der nachher zur Philosophie übergegangene Zeller, darin rühmlichst vorangegangen. *)

Nicht lange währte es, so griffen auch allenthalben in Deutsch-

---

*) Vorträge und Abhandlungen, 1864.

land lebhafte Bewegungen auf dem Gebiete der Kirche und Schule Platz, und sofort sahen wir namhafte Vertreter der Wissenschaft auch in diese praktischen Fragen rathend und handelnd eingreifen — wahrlich nicht immer mit innerer Freudigkeit und aus Geschmack daran, sondern dem unentrinnbaren Gebote der Zeit gehorchend. Wie sehr die Zeiten sich geändert haben, läßt sich gerade an der in Rede stehenden Erscheinung recht deutlich machen. Wo sind jetzt überhaupt die Gelehrten, welche, wofern Gabe und Neigung es nur irgend zulassen, es noch grundsätzlich verschmähen, auf dem Gebiet des öffentlichen Lebens ein Lebenszeichen zu geben? Wo steht heute die Scheidewand noch ungefährdet, welche in den zwanziger Jahren zwischen Wissenschaft und Leben aufgeführt worden ist? Nicht mehr in der Theologie, aber überhaupt nirgends mehr. Wie hat nicht unser Rothe diese Wendung der Dinge als glückverheißend begrüßt, und wie tapfer ist er, sonst aus innerstem Bedürfen ein Mann der Gelehrtenstube, auf diesem Wege vorangegangen! Wie man doch so seinen „heiligen Lehrberuf" mißkennen möge, schrieb damals der Tübinger Professor Palmer, recht als ob für einen Ordinarius der Theologie außer Kanzel und Katheder nur profaner Boden bestünde! Aber die Noth der Zeit rächte das unbedacht vornehme Wort, und schon in den folgenden Wintern konnte man auch den übrigens höchst würdigen Mann im Stuttgarter Königsbau Vorträge vor einem gemischten Publikum halten hören, über deren Inhalt der gesammte Pietismus Schwabens ein unverhohlenes Mißfallen an den Tag legte. Und kaum minder groß ist das Unbehagen, das jetzt einen ansehnlichen Theil der preußischen Geistlichkeit beschleichen will darüber, daß die Zeitungen von einer am 7. Februar 1874 im Festsaal des Berliner Rathhauses gehaltenen, von lebhaftem Beifall einer gemischten Versammlung getragenen Rede des theologischen Hauptes der preußischen Oberkirchenbehörde berichten können, darin gesagt wird: „Alle wirkliche Religion lebt von dem Odem der Freiheit. Zwang erzeugt nur einen Schein und Heuchelei. Ein Bekenntniß, das die Luft der Freiheit nicht erträgt, muß sich vor sich selber schämen."

Nicht viel anders sind die jüngsten Erfahrungen auch auf

katholischem Boden ausgefallen. Auch die Döllinger und Reinkens haben sich ein größeres Publikum geschaffen und von dem in seiner Mehrzahl unverbesserlichen Klerus sich abgewandt zu den Laien, mit Gefühlen, jenen ähnlich, womit nach Apg. 13,46 Paulus und Barnabas sich von den Juden zu den Heiden wenden. Es ist wahrlich ein Zeichen der Zeit, daß solches geschehen kann und muß, nicht blos auf protestantischem, sondern sogar auf katholischem Boden. Denn sich einfach etwas vorglauben zu lassen, um es, so gut oder übel es angeht, nachzuglauben, das ist heute auch für den religiös angeregten und kirchlich gestimmten Katholiken zur sittlichen Unmöglichkeit geworden — heute, da man so eben das zu Tage Treten eines neuen Dogmas erlebt hat, und die Geheimnisse der Entstehung derartiger Glaubenssätze offen und weltkundig geworden sind. Ehrlich sein heißt auch auf diesem Gebiete zugleich klug sein. Es geht nicht mehr anders. Und so möge auch das, was in diesen Zeilen vielleicht zu stark ausgedrückt, zu offenherzig herausgesagt erscheinen sollte, seine Entschuldigung in der Absicht finden, ein rückhaltloses, deutliches und ehrliches Wort zu sprechen!